기독교문서선교회(Christian Literature Center: 약칭 CLC)는 1941년 영국 콜체스터에서 켄 아담스에 의해 시작되었으며 국제 본부는 미국 필라델피아에 있습니다.
국제 CLC는 59개 나라에서 180개의 본부를 두고, 약 650여 명의 선교사들이 이동도서차량 40대를 이용하여 문서 보급에 힘쓰고 있으며 이메일 주문을 통해 130여 국으로 책을 공급하고 있습니다. 한국 CLC는 청교도적 복음주의 신학과 신앙 서적을 출판하는 문서선교기관으로서, 한 영혼이라도 구원되길 소망하면서 주님이 오시는 그날까지 최선을 다할 것입니다.

성 기 호 박사 | 전 성결대학교 총장, 코디엠연구소장

이수환 박사가 저술한 『진화하는 이단 종교』는 이단 종교의 특징과 그들의 주장을 잘 기술하고 있습니다. 구약과 신약에서 하나님의 말씀을 왜곡하거나 자의적으로 해석하여 성경적 정통을 벗어난 경우들을 나열하고 현대에 이르기까지 나타났던 이단 종교들의 주장과 그 잘못을 잘 지적하고 있습니다.

이 책은 겉으로는 '예수', '교회', '복음', '선교' 등 매력적인 이름을 내세우지만 미혹하는 영에 사로잡힌 이단 종교들의 속내를 잘 파헤치고 있습니다. 새로 기독교를 찾는 사람은 물론 정통교회에서 신앙생활을 하던 사람들조차 이단 종교의 주장이 그릇된 것임을 쉽게 알기 어려운 것이 현실입니다. 사실에 근거하여 잘못된 주장들을 소개하고 성경에 비추어 왜 그들의 주장이 잘못된 것인가를 소개하고 있기에 일종의 이단 종교 감별법을 가르치는 책이라고 할 수 있습니다.

『진화하는 이단 종교』는 자기를 광명의 천사로 가장하는 마귀와 더러운 영들이 그리스도의 영광의 복음의 광채가 비춰지 못하게 역사하는 현실을 잘 설명하고 있습니다. 또한 어두움 속에 방황하는 불신자들뿐만 아니라 교회를 새로 정하려는 신자들에게 이단 종교의 위험성을 알리고 바로 신앙생활 할 수 있도록 경종을 울리고 있습니다.

천사상이 처음 지음을 받을 때는 완전하고 아름다워 부족함이 없었지만 교만해질 때 자기 위치를 벗어나 하나님을 대적했던 것처럼, 교회나 선교사역을 시작할 때는 순수하고 바르게 출발했지만 교세가 확장되고 사역이 성공할수록 교만하여져서 자기를 신격화하고 자기 집단만이 선택된 단체라고 주장하는 이단 종교들이 있습니다. 이렇게 변질되고 진화하는 이단 종교들의 진면목을 파헤치는 책이 이수환 박사가 저술한 『진화하는 이단 종교』입니다.

양무리를 맡아 신령한 꼴을 먹여야 하는 목회자들뿐 아니라 평신도들도 이 책을 통해 많은 유익을 얻게 되기 바랍니다. 이수환 박사의 목회사역과 신학대학교에서의 가르침, 그리고 저술 활동을 통해 더 많은 영광을 하나님께 돌리기를 기대합니다.

이 강 춘 목사 | 예수교대한성결교회 총무

이수환 박사는 주변에서 인정하는 교단의 귀한 인재입니다. 복음주의 계열의 여러 학교에서 신학과 선교학을 전공한 만큼 뼛속부터 복음주의자입니다. 선교학회에서 부지런히 선교학의 지평을 넓히는 사역을 했고, 연구 중에도 교회를 개척하여 선교적 교회의 모델을 만들고 있습니다. 학문으로서의 선교학보다 한국교회가 원하는 선교학을 정확하게 짚어 다양한 주제의 책을 펴는 열정이 대단합니다. 특히 선교의 열정이 식어져 가는 이때 다시 선교의 불을 붙이는, 쉽지 않은 역할을 감당하고 있는 귀한 분입니다.

근래 한국교회는 세속화, 종교다원주의, 동성애문제, 목회자 과세, 세대 간 갈등, 정치적 갈등과 함께 이단 종교 문제로 눈 돌릴 틈도 없이 분주합니다. 특히 이단 종교 문제로 많은 교회와 성도들이 혼란을 겪거나 교회가 흔들리는 것도 목격합니다. 이런 시점에 이수환 박사가 시의적절한 주제로 책을 내었습니다.

기독교의 정통교리에서 벗어나 다른 복음을 전하는 이단 종교는 기독교 초기시대부터 있었습니다. 그들은 하나님에 대한 이해와 교리를 자의적으로 해석하고 접근하여 교회를 어지럽혀 왔습니다. 특히 현 시대를 살아가는 성도들에게 이단 종교에 대한 체계적이며 신학적인 대응은 절대적으로 필요합니다. 바울은 고린도교회를 향해 "우리는 수다한 사람과 같이 하나님의 말씀을 혼잡하게 하지 아니하고 곧 순전함으로 하나님께 받은 것 같이 하나님 앞에서와 그리스도 안에서 말하노라"(고후 2:17)라고 하며 복음전도의 순수성을 강조하였습니다.

우리는 그리스도 밖에서 말하는 것이 아니라 바울처럼 그리스도 안에서 말해야 할 것입니다. 그래야 우리가 이단 종교의 사설과 미혹에 넘어가지 않고 바른 복음을 지켜나갈 수 있을 것입니다. 우선 나는 이 책을 구입하여 당장 이단 종교 문제로 힘들어하는 동역자들과 나누고 싶습니다. 목회자들과 성도들은 이 책 한 권으로도 이단 종교에 대처하는 넉넉한 정보를 얻을 것입니다.

이 충 동 목사 | 사단법인 코디엠 이사장

우리가 살아가고 있는 이 시대는 거짓이 진실의 자리를, 비진리가 진리의 자리를 차지하고 있는 시대라 할 수 있습니다. 이 세상 끝까지 복음을 전하라고 하신 예수 그리스도의 명령을 수행하기에는 그리 쉽지 않은 시대입니다.

이러한 혼란하고 혼탁한 시대에 예수 그리스도의 복음을 삶의 현장에서 그리고 대학교 강단에서, 또한 교회 사역 속에서 전하고 있는 이수환 박사의 『진화하는 이단 종교』는 진리의 복음을 갈망하며 믿음의 선한 싸움을 싸우는 이 시대의 많은 하나님의 사람들에게 귀한 등불이 될 것이라 확신하며 기쁜 마음으로 이 책을 추천합니다.

민 장 배 박사 | 성결대학교 신학부 교수

"내가 네 행위와 수고와 네 인내를 알고 또 악한 자들을 용납하지 아니한 것과 자칭 사도라 하되 아닌 자들을 시험하여 그의 거짓된 것을 네가 드러낸 것과"(계 2:2).

현대교회가 자칭 사도라 하되 아닌 자들을 시험하여 그의 거짓된 것을 드러낼 수 있을지 의문시됩니다. 오히려 그 반대의 결과가 한국교회에서 일어나고 있어 안타까운 시점에 영성과 지성을 겸비하신 이수환 박사가 『진화하는 이단 종교』를 출판하게 되어 축하보다 감사의 표현을 하고 싶습니다. 이 책을 통해 신학도들은 물론이요 평신도들까지 에베소교회와 같이 자칭 사도라 하되 아닌 이단 종교들을 시험하여 거짓된 것을 드러낼 수 있기를 소망하며 이 책을 추천합니다.

조 귀 삼 박사 | 한세대학교 선교학 교수

선교학에 관해 많은 책을 내어놓은 이수환 박사는 이번에 『진화하는 이단 종교』를 출간하게 되어 축하드립니다. 이수환 박사는 성결대학교에서 다년간 종교학에 대한 연구를 마치고 박사학위를 취득한 수준 높은 학자입니다. 이 책은 그동안 한국교회를 어렵게 하는 다양한 이단 종교에 대해 날카롭게 비평하였습니다. 이러한 이수환 박사의 노력의 산물이 기독교의 중심 진리를 위협하고 있는 세력들을 소멸시키는 계기가 되기를 바랍니다. 아울러 한국교회의 모든 성도가 필독하시기를 추천합니다.

김 승 호 박사 | 한국성서대학교 선교학 교수

교회사를 통해 보면 이단 종교들은 교회 밖이 아닌 교회 내에서 나타났습니다. 이단 종교들은 기독교 안에서 발생하여 교회를 혼란에 빠지게 만드는 특징을 갖고 있습니다. 정통 기독교와 유사한 용어를 사용하지만 결국은 성경과 다르거나 틀린 이야기를 하므로 복음전파의 큰 걸림돌이 되고 있습니다. 이수환 박사의 책은 현존하는 대표적 9개의 이단 종교의 교리와 교수들의 오류를 밝힘으로 성도들에게 정통 기독교와 이단 종교의 차이를 쉽게 이해할 수 있도록 돕습니다.

김 성 욱 박사 | 총신대학교 선교학 교수

이번에 이수환 박사가 집필한 『진화하는 이단 종교』는 21세기 현대사회에 모든 그리스도인이 반드시 기억하고 알고 있어야 할 이단 종교에 대한 것으로, 이 책은 시기적절한 도서로서, 모든 성도의 필독서로서, 그리고 신학대학교에서 배우는 모든 기독교 지도자 후보생들이 배우고 익힐 교과서로서 적극적으로 추천을 드립니다. 이 책은 최근의 이단 종교의 현황과 자료들을 연구하여 모든 사람이 읽기에 편리하게 저술했습니다. 이수환 박사는 일찍 주님께 부름을 받은 목회자로서 수지더사랑교회를 개척하여 시무하면서 성결대학교에서 교수로 이미 전공 서적들을 저술하여 차세대 한국교회와 신학대학교 지도자의 길을 가는 교수입니다. 학문에 부지런하고 목회에 열정적이며 교수사역에 충성하는 귀한 목회자입니다. 이수환 박사의 『진화하는 이단 종교』의 필독을 권합니다.

김한성 박사 | 아세아연합신학대학교 선교학 교수

예수 그리스도의 복음이 지구의 거의 끝까지 퍼져나갔고, 많은 사람이 예수 그리스도의 제자가 되었습니다.
얼마나 많은 사람이 이 일을 위해 희생했습니까?
많은 사람이 정든 고향과 일가친척을 떠나 멀리 사는 대가를 지불했습니다. 많은 사람이 자신의 목숨까지 내어놓아야 했습니다. 우리나라에 오셨던 선교사들의 희생을 우리가 잘 알고 있습니다. 이 모든 것이 예수 그리스도의 복음을 전하기 위한 것이었습니다.
한편, 다른 복음을 전하는 이들이 있습니다. 예수 그리스도가 아닌 다른 이를 통해 하나님께 나아갈 방법이 있다고 말합니다. 예수 그리스도가 귀한 사역을 했지만 충분하지 않기에 다른 이가 구원 사역을 완성했다고 합니다. 신구약 성경 말고 다른 성경이 있다고 합니다. 예수님의 재림에 대하여 임의적으로 흥미로운 말로 강조하며 자신들을 따르라고 합니다. 자신들만 참되게 믿는다고 합니다.
역사적으로 기독교교회는 다른 복음을 전하는 이들을 이단 종교라고 불렀고, 다른 복음을 멀리하라고 가르쳤습니다. 예수 그리스도만을 통해 하나님께 나아갈 수 있습니다. 구원 사역은 예수님만으로 충분합니다. 신구약 66권만이 하나님의 말씀입니다. 예수님이 언제 재림하실지 아무도 모릅니다.
조금은 다르고 부족한 모습이지만, 하나님을 믿고 예수님을 따르는 이들이 지구상에 20억이 넘습니다. 이수환 박사가 저술한 『진화하는 이단 종교』를 여러 성도에게 추천합니다. 이수환 박사는 이 분야의 전문가입니다. 기독교 복음을 세상에 어떻게 전할 것인가에 관해 오랫동안 연구한 선교학자입니다. 이단 종교에 대해 대학 강단에서 가르치시는 교수입니다. 그동안 많은 책을 저술한 연구자요, 이론을 현장에서 실천하는 현장가이기도 합니다. 이 책이 예수 그리스도의 복음을 따르는 성도들에게 좋은 도움이 되기를 바랍니다.

배춘섭 박사 | 서울성경신학대학원대학교 선교학 교수

오늘날 한국교회는 복음에 기생하여 반사회적이고, 반기독교적인 사이비 종파의 출현으로 몸살을 앓고 있습니다. 이런 이단 종교들의 교리체계는 반역사적이기 때문에, 자연스럽게 이들의 성경해석은 자의적일 수밖에 없습니다. 안타깝게도 무차별적으로 거짓 가르침을 전하는 이들은 교회 안의 택한 백성에게까지도 커다란 위협으로 다가옵니다.
디모데후서 2:3에 "누가 어떻게 하여도 너희가 미혹되지 말라 먼저 배교하는 일이 있고 저 불법의 사람 곧 멸망의 아들이 나타나기 전에는 그 날이 이르지 아니하리니"라고 말씀했습니다. 이것은 말세에 배교와 불법의 사람들과 같은 이단 종교들의 횡포가 나타날 것을 의미합니다.
하지만 7절에 "불법의 비밀이 이미 활동하였으나 지금은 그것을 막는 자가 있어 그 중에서 옮겨질 때까지 하리라"고 말씀하신 바처럼, 사이비 종교의 위협받는 모든 그리스도인들이 이수환 박사의 『진화하는 이단 종교』를 읽고, 진리를 깨달아 예수 그리스도에게로 돌아오게 되기를 절대주권의 하나님께 간절히 기도드립니다.

조 성 돈 박사 | 실천신학대학원대학교 교수, 목회사회학연구소 소장
이단 종교가 이렇게 융성했던 적이 있을까 싶습니다. 개신교인이 1천만 명 정도인데 이 가운데 이단 종교가 200만이라고 합니다. 어떤 피해가 있는지는 일반 언론을 통해서도 잘 알려져 있습니다. 주위의 교회들 가운데도 이단 종교의 피해로 무너진 경우들이 있습니다.
그런데 우리는 이단 종교가 문제라고만 하지 그들이 어떤 집단인지도 모르고, 무엇을 주장하는지도 모릅니다. 이 책은 이단 종교에 대해서 잘 정리해 주었습니다. 현재 우리 주변에 있는 이단 종교에 대해서 꼼꼼하게 주석을 달며 자세히 소개해 주고 있습니다. 적을 알아야 이길 수 있습니다. 이 책은 이단 종교에 대해 피하는 것이 아니라 정면으로 마주할 수 있도록 해 줄 것입니다.

김 양 선 팀장 | CBS기독교방송
CBS는 오늘도 하나님의 지경을 넓히고 이단 종교 세력으로부터 한국교회를 지키고자 신천지 및 세상을 미혹하는 각종 신흥종교 이단 종교들과 법정소송을 하며 한국교회를 대신해서 싸우고 있습니다.
이처럼 신앙을 무너지는 혼탁한 이 시대에 이수환 박사의 『진화하는 이단 종교』를 통해서 하나님의 최고의 군사들이 일어나길 소망합니다.

진화하는 이단 종교

Evolving Heresy Religion

Evolving Heresy Religion
Written by Soohwan Lee
All rights reserved.
Korean Edition Copyright ⓒ 2019 by Christian Literature Center, Seoul, Korea

진화하는 이단 종교

2019년 2월 28일 초판 발행
지은이 　| 이수환

편집　　| 곽진수, 임주원
디자인　| 박인미
펴낸곳　| (사)기독교문서선교회
등록　　| 제16-25호(1980.1.18)
주소　　| 서울특별시 서초구 방배로 68
전화　　| 02-586-8761~3(본사) 031-942-8761(영업부)
팩스　　| 02-523-0131(본사) 031-942-8763(영업부)
이메일　| clckor@gmail.com
홈페이지 | www.clcbook.com
송금계좌 | 기업은행 073-000308-04-020 (사)기독교문서선교회

ISBN 978-89-341-1933-3 (93230)

이 도서의 국립중앙도서관 출판예정도서목록(CIP)은 서지정보유통지원시스템 홈페이지
(http://seoji.nl.go.kr)와 국가자료공동목록시스템(http://www.nl.go.kr/kolisnet)에서 이용하실 수 있습니다.
(CIP제어번호: CIP2019002622)

이 책의 저작권은 저자와 (사)기독교문서선교회가 소유합니다. 신저작권법에 의하여 한국 내에서 보호
받는 저작물이므로 무단 전재와 무단 복제를 금합니다.

진화하는 이단 종교

이수환 지음

CLC

목차

추천사　성기호 박사, 이강춘 목사, 이충동 목사, 민장배 박사, 조귀삼 박사,　　　1
　　　　김승호 박사, 김성욱 박사, 김한성 박사, 배춘섭 박사, 조성돈 박사, 김양선 팀장

저자 서문　　　　　　　　　　　　　　　　　　　　　　　　　　　　　12

제1장　왜 이단 종교인가?　　　　　　　　　　　　　　　　　　　　　14
제2장　이단 종교의 특징들　　　　　　　　　　　　　　　　　　　　　27
제3장　왜 이단 종교에 빠지는가?　　　　　　　　　　　　　　　　　　37
제4장　이단 종교를 분별하는 방법들　　　　　　　　　　　　　　　　　46
제5장　여호와의증인　　　　　　　　　　　　　　　　　　　　　　　　54
제6장　하나님의교회 세계복음선교협회　　　　　　　　　　　　　　　71
제7장　세계평화통일가정연합　　　　　　　　　　　　　　　　　　　　90
제8장　구원파　　　　　　　　　　　　　　　　　　　　　　　　　　109
제9장　기독교복음선교회　　　　　　　　　　　　　　　　　　　　　127
제10장　예수그리스도후기성도교회　　　　　　　　　　　　　　　　143
제11장　제칠일안식일예수재림교회　　　　　　　　　　　　　　　　162
제12장　예수중심교회　　　　　　　　　　　　　　　　　　　　　　180
제13장　신천지예수교 증거장막성전　　　　　　　　　　　　　　　　193

참고문헌　　　　　　　　　　　　　　　　　　　　　　　　　　　　204

저자 서문

이 수 환 박사
성결대학교 선교학 객원교수 / 수지더사랑교회 담임목사

    이 땅에 하나님의 복음이 전파된 이후, 현재 한국교회와 선교현장은 어느 시대를 막론하고 이단 종교들의 교묘한 활동으로 인해 많은 영혼이 죽어 가는 심각한 피해를 입고 있다.

    한국에만 하더라도 자신이 재림주, 혹은 하나님이라고 주장하는 이단 종교들이 많다. 하나같이 그들은 기독교의 본질인 복음을 왜곡할 뿐만 아니라 성경의 자의적인 해석으로 인해 큰 피해를 주고 있다. 그런가 하면 이단 종교에 미혹된 사람들의 수만 하더라도 약 200만 명이 넘는 것으로 추신된다.

    이에 따른 문제는 이혼, 가출, 학교자퇴, 재산헌납 등으로 깨어진 가정들의 피해가 막심하여 불행을 초래하고 있다는 것이다.

    무엇보다 이단 종교는 사회적으로나 한국교회의 이미지에도 크나큰 악영향을 주고 있다. 대부분 이단 종교의 포교 대상은 한국교회 교인들이기에 많은 주의가 요구되고 있고, 예전보다 날로 진화(進化)하는 최근 이단 종교의 포교전략이 교묘할 뿐만 아니라 심지어 교회 내부까지 침투하여 교인들을 미혹하고 있다. 그들은 고소고발(告訴告發) 사건으로 한국교회와 기독교 단체, 심지어 선교 현지에까지 공격의 대상을 넓혀 가고 있다.

따라서 한국교회는 이단 종교로부터 교회를 보호할 뿐만 아니라 교인들에게 이단 종교에 대한 분명한 이해를 도와야 하며, 미리 예방하고 피해가 없도록 보호해야 할 것이다.

이단 종교에 미혹된 사람들을 하나님의 말씀인 성경으로 교화시켜 하나님 앞으로 오게 하며 가족의 품으로 돌려보내는 기독교 사역은 무엇보다 하나님의 선교(Missio Dei) 중에 최고의 선교이다.

본 연구는 이단 종교를 구체적으로 설명하고, 더 나아가 최근 한국교회 주변에서 어떤 이단 종교들이 존재하고 있는지를 각각 분석하고 비판하여 이단 종교로부터의 피해 예방에 대한 선교적 실천방법을 다루어 보고자 한다.

무엇보다 이 책이 나오기까지 출판할 수 있도록 후원해 주신 정원약품 대표 김남중 장로님과 격려하고 출판해 주신 CLC 박영호 사장님께 깊은 감사를 드린다.

2019년 2월
성결대학교에서

제1장

왜 이단 종교인가?

1. 들어가는 말

현재 한국교회는 위기를 맞고 있다. 감리교신학대학교 교수이자 종교사회학자인 이원규는 한국교회의 위기에 대하여 말하기를, "한국교회는 교파 분열이 심하고 사이비 이단 종교가 너무 많다"라고 지적하였다.[1] 이처럼 한국교회가 간과할 수 없는 문제로 이단 종교가 부각 되고 있다.

왜냐하면, 과거나 현재, 그리고 미래에도 교인들을 미혹하고 신앙을 무너뜨리는가 하면 가정생활(home life)을 피폐(疲弊)하게 만들고 있는 것이 이단 종교이기 때문이다. 최근 이단 종교들의 활동을 보면, 국내뿐만 아니라 더욱 극성스럽게 선교현장에서도 무차별적인 포교활동을 하며, 교회 안에까지 전입하여 교인들을 미혹하고, 교회를 뒤흔드는 일에 물불을 가리지 않고 이리 떼처럼 달려드는 형편이다.[2]

---

[1] 정동섭·이영애, 『박옥수·이요한·유병언의 구원파를 왜 이단이라 하는가?』 (서울: 죠이선교회, 2008), 6.

[2] 대전광역시 기독교연합회 이단사이비대책위원회, 『우리시대의 이단들』 (서울: 도서출판 두란노, 2009), 14.

그래서 베드로전서 5:8-9에서 베드로는 교회와 교인들에게 경고하고 있다.

> 근신하라 깨어라 너희 대적 마귀가 우는 사자 같이 두루 다니며 삼킬 자를 찾나니 너희는 믿음을 굳건하게 하여 그를 대적하라 이는 세상에 있는 너희 형제들도 동일한 고난을 당하는 줄을 앎이라(벧전 5:8-9).

광명의 천사로 가장(假裝)한 이단 종교는 양의 탈을 쓴 늑대의 모습으로 탈바꿈하여 목장인 교회 안까지 침투해 미혹한다.[3] 따라서 그리스도의 몸된 교회는 확고한 의지와 전략을 가지고 적극적으로 대처하기 위해 이단 종교의 이해와 역사에 대하여 구체적으로 살펴보아야 할 것이다.

2. 이단 종교에 대한 이해

이단(Heresy)[4] 종교를 지칭하는 헬라어 단어는 '하이레시스'(αἵρεσις)[5] 인데 '고집', '선택'을 의미한다.[6] 이후 이것이 '당파', '종파', '이단'의 뜻으로 발전하게 되었다.[7] 이단 종교에 대해서 성경에 나타나는 표현은

---

[3] 대전광역시 기독교연합회 이단사이비대책위원회, 『우리시대의 이단들』, 14.
[4] 이단(異端)은 한자로 '다를 異', '끝 端'이다. 다시 말해, 끝이 다르다는 것이며, 처음부터 같다는 것도 아니다. 이단은 미혹하기 위해서 더 화려하게 진짜인 것처럼 위장했을 뿐이며, 그 시작부터 구원과 천국이 아니라 멸망과 지옥인 것이다.
[5] αἵρεσις는 성경에서 총 9번 사용되었다. 행 5:17; 15:5, 24; 24:14; 26:5; 28:22; 고전 11:19; 갈 5:20; 벧후 2:1을 참고하라.
[6] Frank L. Cross & Elizabeth A. Livingstone, *The Oxford Dictionary of the Christian Church* (London: Oxford University, 1997).
[7] 정윤석, 『평생 이단에 빠지지 않는 복된신앙』(서울: 대림문화사, 2011), 12.

다음과 같다.

① '사나운 이리'(행 20:29).
② '다른 교훈으로 남을 분열시키는 자'(롬 16:17).
③ '거짓말 하는 자'(딤전 4:2).
④ '마음이 부패한 자'(딤후 3:8).
⑤ '이단'(딛 3:10).
⑥ '거짓 선생'(벧후 2:1).
⑦ '멸망하게 할 이단'(벧후 2:1).
⑧ '적그리스도'(요일 2:18).[8]

이처럼 비성경적인 내용을 이단 종교는 주장하면서 자신들의 명성을 이용하여 홍보하고 건전한 교회와 교인들을 미혹시킨다.[9] 이단 종교란 성경에 입각한 기독교 신앙을 임의로 변형하거나 왜곡시켜서 역사적 근거를 가진 교회의 교훈을 배척하는 종교집단이나 철학 학파를 가리키는 말이다.

그래서 정통 기독교에서는 이단 종교에 대하여 어떤 형태로든지 간에 기독교와 유사한 것으로 그들은 내세우지만, 명확히 구별되어야 할 것이다.[10] 세계적인 이단 종교를 연구했던 권위자인 월터 마틴(Walter R. Martin)은 이단 종교에 대하여 이렇게 말하였다.

---

8 하용조 편저, 『간추린 비전 성경사전』(서울: 도서출판 두란노, 2005).
9 대전광역시 기독교연합회 이단사이비대책위원회, 『우리시대의 이단들』, 15.
10 Josh McDowell & Don Stewart, 『이단종파』, 이호열 역 (서울: 기독지혜사, 1987), 13.

어느 한 특정인의 비정상적인 성경해석을 중심으로 한 극단주의자들의 모임이다. 그리고 그들은 기독교 신앙의 주요 골자에 있어서 한결같이 정통 기독교를 벗어나고 있다. 특히 이단 종교가 주요 공격의 대상으로 삼는 것은 하나님 자신이 예수 그리스도 안에서 육신을 입으시고 사람이 되셨다는 진리이다.[11]

대체로 이단 종교는 거짓된 교리를 기초로 하여 당파를 지어 예수의 영이 교주의 몸을 입고 와서 그분이 곧 예수의 대언자라고 말한다. 이러한 발언은 이단 종교가 흔히 쓰는 표현으로 육은 사람이지만, 그 사람 속에 예수의 영이 재림했다고 표현한다. 이것은 정통 기독교에서 주장하고 있는 성령의 내주하심과는 근본적으로 전혀 다른 의미이다.[12]

3. 이단 종교의 역사

이단 종교는 이미 성경에서 예언한 대로 주님의 재림 때와 세상 종말의 때에 표징이다. 한국교회는 이단 종교에 대해 걱정과 근심의 대상이 아니라 종말의 소망 속에 예수 그리스도의 사랑을 잃지 않고 끝까지 견뎌 구원에 이르게 하는 신앙의 훈련과 동시에 주님의 몸 된 교회가 거룩해지는 신앙의 결단을 위한 도구로 받아들여야 한다.

---

[11] Walter R. Martin, *The Rise of the Cults* (California: Vision House Publishers Incorporated, 1980), 12.
[12] 정윤석, 『평생 이단에 빠지지 않는 복된 신앙』, 14.

한국교회는 이단 종교로 인해 주님을 향한 우리의 처음 사랑을 잃지 않도록 경각심을 가지고 깨어 기도해야 한다.[13] 이단 종교의 역사는 크게 구약성경과 신약성경, 그리고 초대교회와 중세교회 속에서, 종교개혁 시대부터 현대종교 시대까지 구체적으로 찾아볼 수 있을 것이다.

1) 구약성경에서의 이단 종교

첫째, 이단 종교는 하나님을 대적(hostility)하고 인간이 하나님이 될 수 있다고 미혹하였다.

구약성경에 나타난 최초의 이단 종교는 사단(satan)으로서 거짓말쟁이 혹은 훼방자였다. 이사야 14:12-14에서 피조물에 불과했던 사단은 하나님이 만드신 많은 별들 위에 자신의 보좌를 높이 세웠을 뿐만 아니라 산 위에 좌정하여 가장 높은 구름 위에 올라 지극히 높은 자이신 하나님을 대적하였다.[14]

창세기 3:4-5에서 사단은 여자에게 접근하여 하나님의 권위에 도전하도록 미혹하였다. 사단은 참과 거짓을 적당히 섞어 사람을 유혹하였다. 이단 종교의 아비인 사단은 하나님의 말씀과 권위에 도전하고, 자신을 높여 하나님이 받을 영광을 가로챘으며, 사람이 하나님이 될 수 있으며, 자신이 하나님의 뜻을 아는 것처럼 사람에게 접근하였다.[15]

---

[13] 탁지일, 『이단』 (서울: 도서출판 두란노, 2015), 18.
[14] 이단사이비대책위원회, 『이단사이비를 경계하라!』 (서울: 기독교대한성결교회 출판부, 2015), 56.
[15] 이단사이비대책위원회, 『이단사이비를 경계하라!』, 56.

둘째, 이단 종교는 하나님의 백성인 이스라엘이 황금 우상숭배(idolatry)를 하나님과 동일시하게 하였다.

출애굽기 19:5-6에서 하나님은 이스라엘 백성을 시내 산으로 인도하여 그들과 언약을 맺으셨다. 그러나 이스라엘은 언약의 성산인 시내 산 아래에서 하나님이 싫어하시는 황금 송아지 형상을 만들고 예배하는 타락한 행위를 하였다. 그래서 이단 종교는 자신들이 만들어낸 형상을 하나님으로 예배하는 범죄를 행하는 것이다.[16]

셋째, 이단 종교는 하나님과 이방 신을 모두 예배하는 종교 혼합주의(Religious Syncretism) 신앙을 만들었다.

북왕국의 여로보암 왕은 금송아지 형상을 만들어 이스라엘 백성들에게 제사를 드리도록 하였다. 열왕기상 12:28에서 여로보암 왕은 전통적으로 신성시되었던 두 성읍과 벧엘, 그리고 단에 각각 금송아지의 형상을 세웠을 뿐만 아니라 그 형상을 이스라엘의 구원자로 선언하였다. 그래서 여로보암 왕의 죄는 예루살렘 성전의 예배를 어지럽혔을 뿐만 아니라 백성들이 영적인 범죄를 짓도록 하였다.

이처럼 이단 종교는 하나님을 예배한다고 하지만 실상 하나님이 아닌 이방 신을 섬기게 만든다는 것이다.[17]

넷째, 이단 종교는 하나님을 예배하는 장소에 이방 신당을 세워서 미신 행위를 조장하였다.

열왕기상 16:30-34에서 아합 왕은 이방 국가 아람의 위협을 피하려고 시돈, 즉 레바논의 공주 이세벨과 결혼하였다. 그러나 그녀는 왕후

---

16 이단사이비대책위원회, 『이단사이비를 경계하라!』, 57.
17 이단사이비대책위원회, 『이단사이비를 경계하라!』, 57.

가 되면서 바알 신(baalism)[18]을 북이스라엘에 퍼뜨리기 시작하였다.[19] 이스라엘 역사에서 바알 숭배가 절정에 달했던 시기에 북이스라엘의 아합 왕은 수도인 사마리아에 바알 신당을 세웠으며, 바알과 아세라의 제사장들을 두었다.[20]

이처럼 이단 종교는 하나님을 예배하는 장소에 이방 신앙을 세우고 하나님의 백성들을 거짓 종교와 미신으로 인도하는 자들이다.[21]

2) 신약성경에서의 이단 종교

첫째, 이단 종교는 영지주의(Gnosticism)[22]와 이원론(Dualism)의 형태를 띠고 있다.

이단 종교는 물질은 악하고 영혼만 선하다는 논리로 접근하여 신비주의적인 구원관을 소유하였다. 예수 그리스도는 단지 인간에 불과하

---

[18] 바알은 주인이라는 뜻으로 지역에 따라 다른 이름으로 불렸다. 가나안 사람들은 '바알'(Baal)이라고 불렸지만, 시리아 사람들은 '하닷'(Hadad)이라고 불렸다. 사람들은 바알이 비바람을 가져다준다고 믿었다. 당시는 농경사회였기 때문에 비와 바람의 신 바알은 사람들의 생계와 직결되는 신이었고, 바알을 잘 섬겨야 먹고 살 수 있다고 생각하였다. 오늘날 바알은 제물과 경제의 신인 맘몬(Mammon)에 해당하는 것이다. 김구원, 『구약 꿀팁』 (서울: 홍성사, 2016), 49.
[19] 이단사이비대책위원회, 『이단사이비를 경계하라!』, 58.
[20] 바알숭배자들은 비가 오는 것은 바알 신과 배우자인 출산의 여신 아세라(아스다롯)가 성관계를 맺은 결과라고 믿었다. 그래서 민 25:1-9에서 남녀 사제가 신전에서 제사의식의 일부로 성교를 하는 부도덕함을 보여 주었다. 이런 난잡한 성행위가 종교의식이 되면서 이스라엘 백성의 타락은 극에 달하였다.
[21] 이단사이비대책위원회, 『이단사이비를 경계하라!』, 58-59.
[22] 영지주의는 2세기 헬레니즘의 지배적인 사상이었다. 이 사상은 중기 플라톤주의에 의해 여러 종교들을 섞어놓은 종교 혼합주의 형태로 기독교의 정체성을 크게 위협했던 사상인데 기독교와 유대교, 그리고 그리스 철학, 신비종교가 뒤섞인 혼합주의적 사상체계라고 볼 수 있다. 영지주의자는 금욕주의자들이 되었지만 일부사람들은 쾌락주의를 선택하였다.

며 결코 성육신하신 것이 아니라, 잠시 인간 예수의 몸으로 빌려 활동하다가 그리스도가 십자가에 못 박히기 전에 천상 세계로 복귀했다고 설명하였다. 그것은 신성으로서는 육체와 같은 물질과 결코 연합할 수 없다고 생각하기 때문이다. 이같은 거짓 사상으로 이단 종교는 교회에 침투하여 부활도 존재하지 않는다고 주장하며, 교인들을 미혹시키려고 하는 것이다.[23]

둘째, 이단 종교는 천사숭배로 사람이 절대자인 하나님을 경배하는 것은 교만이기 때문에 열등한 존재인 천사를 경배하는 것이 겸손의 행위라고 하였다.

골로새서 2:18-19에서 사도 바울은 그와 같은 사상은 헛된 과장이며, 하늘의 상급을 상실케 하는 거짓 교리임을 단호하게 지적하였다.[24]

셋째, 이단 종교는 금욕주의로 육적인 욕망을 억눌러서 영의 자유를 달성하려고 하였다.

골로새서 2:20-23에서 사도 바울은 붙잡지도 말고 맛보지도 말고 만지지도 말라는 규율을 강조하였다. 경건한 삶을 위한 금욕주의와 절제를 위한 고행주의는 이단 종교에서 흔히 볼 수 있다.[25]

이처럼 사도 바울의 서신들에서 이단 종교의 위협으로부터 교회의 분열을 막아내고 정통 교리를 지키고자 애쓰고 있는 흔적들을 엿볼 수 있다. 무엇보다 신약성경은 이단 종교가 경계의 대상이지 결코 두려움의

---

[23] 이단사이비대책위원회, 『이단사이비를 경계하라!』, 59-60.
[24] 이단사이비대책위원회, 『이단사이비를 경계하라!』, 60.
[25] 이단사이비대책위원회, 『이단사이비를 경계하라!』, 60.

대상이 아니라는 점을 분명히 하였다. 여기서 한국교회가 주목해야 할 점은 신약성경에서 말하는 교회를 분열시키고 잘못된 가르침을 전달하는 이단 종교의 특징들이 최근 한국교회의 주변에서도 변함없이 발견되고 있다는 것이다.[26]

이단 종교는 교회 안팎에서 성경이 증언하고 있는 진리와는 다르게 비성경적인 주장을 하면서 그리스도의 머리인 교회의 분열을 여기저기서 시도하고 있다. 이단 종교는 그리스도인들을 분열하게 하지만, 그리스도의 영이신 성령은 그리스도인들을 하나 되게 하신다.[27]

3) 초대교회에서의 이단 종교

초대교회의 주요한 신학적인 관심은 기독론으로서 예수 그리스도의 인성과 신성에 관한 논쟁이었다. 1-2세기경 활동했던 영지주의자들은 눈에 보이는 물질적인 세계를 악하다고 믿었기 때문에 예수와 그의 고난과 죽음을 받아들일 수 없었다.[28] 요한이서 1:7에서 영지주의자들의 활동에 대하여 다음과 같이 경계하였다.

> 미혹하는 자가 세상에 많이 나왔나니 이는 예수 그리스도께서 육체로 오심을 부인하는 자라 이런 자가 미혹하는 자요 적그리스도니(요이 1:7).

이로 인해 니케아 콘스탄티노플 신조는 영지주의를 다음과 같이 반대하였다.

---

[26] 탁지일, 『이단』, 30-32.
[27] 탁지일, 『이단』, 32.
[28] 탁지일, 『이단』, 38-39.

우리는 전능하신 아버지이신 한 하나님을 믿는다. 그는 하늘과 땅을 지으신 이요, 보이는 것이나 보이지 않는 모든 것을 지으신 자다.[29]

아리우스(Arius, 256-336)는 성자는 성부와 유사하지만 다르며, 성부는 시작이 없으나 성자는 시작이 있는 피조 된 존재라고 주장하였다. 이에 반해, 알렉산드리아의 젊은 주교였던 아타나시우스(Athanasius, 293-373)는 성자는 성부와 동일한 본질이라고 반박하였다.[30]

아리우스의 주장으로 인해 교회는 혼란에 빠짐으로써 하나의 제국과 하나의 교회를 지향했던 콘스탄티누스(Constantinus, 274-337) 황제는 교회의 분열이 로마 제국의 평화를 해칠 수가 있다고 판단한 나머지 325년에 니케아[31] 공의회(Councils of Nicaea)를 소집하였다.[32]

이 공의회를 통해 잘 알려진 대로 예수 그리스도의 신성과 인성을 재확인하였고, 기독론을 정립한 아타나시우스의 주장이 교회의 전통 신앙으로 받아들여져 아리우스는 이단 종교로 정죄되었다. 만일 예수 그리스도의 본질이 하나님이 아니라고 한다면 사람은 구원을 받을 수가 없게 된다. 이처럼 삼위일체론은 사변적인 철학 논쟁에서 출발한 것이 아니라 인간의 구원론에서 출발한 것이다.[33] 실제로 많은 이단 종교는 니케아 공의회 이전에도 존재하였다.

구약의 하나님과 신약의 하나님이 다르다고 주장했던 마르키온(Marcion, 85-160)은 구약의 하나님을 열등한 신으로 주장하였다. 그래서 마르

---

[29] 탁지일, 『이단』, 39.
[30] 탁지일, 『이단』, 39.
[31] 니케아는 지금의 터키 이즈니크이다.
[32] 탁지일, 『이단』, 39.
[33] 이충웅, 『교회사는 선교역사』 (파주: 한국학술정보, 2014), 103.

키온은 구약을 거부하고 성경을 스스로 편집하여 오류를 범하였다.[34]

그리고 몬타누스(Montanus, 135-177)는 자신을 성령의 대변자로서 계시와 예언을 주장하였고, 금욕주의적 생활을 하면서 배타적인 구원을 강조하였으며, 자신의 고향으로 그리스도가 곧 재림할 것이라고 주장하였다. 아울러 니케아 공의회 이후 325년부터 381년까지 50여 년간에 무려 일곱 번의 공의회가 열렸던 것을 보아도 여러 기독론 이단 종교들이 정죄되었다는 사실을 알 수 있다.[35]

이처럼, 당시 이단 종교의 긴장과 갈등은 초대교회가 니케아콘스탄티노플 신조라는 중요한 신학적 진술을 소유할 수 있었을 뿐만 아니라, 이것은 초대교회의 이단 종교를 분별하는 데 크나큰 기준이 되었다. 이때, 초대교회의 신앙고백인 신조는 예수 그리스도가 참 인간이시며, 참 하나님이시라는 교회의 신앙고백으로서 오늘까지도 전 세계교회와 선교현장까지 전해지고 있다.[36]

4) 중세 시대에서의 이단 종교

중세 시대 때, 기독교는 유대교나 이슬람교처럼 단순히 종교를 넘어서 문화요 공동체였다. 당시 모든 생활의 중심지였던 교회에서 기독교인이 되는 것은 선택이 아닌 필연적인 운명으로 받아들였다. 중세 시대 교회는 사회에서 막강한 영향력을 행사하여 교회의 권위는 절대적이었다. 교회의 권위에 도전한다거나 교회로부터 이탈하면 교회에 대한 도전으로 받아들여져 교회와 사회로부터 추방되었으며, 개인이나 단체는

---

[34] 탁지일, 『이단』, 39.
[35] 탁지일, 『이단』, 39-40.
[36] 탁지일, 『이단』, 40.

이단 종교로 정죄되었다.³⁷

10세기 이단 종교로, 불가리아 지역에서 일어난 보고밀파(Bogomiles)와 11세기부터 13세기, 프랑스에서 일어난 카타리파(Catharism), 12세기, 프랑스에서 시작되어 현재까지도 존재하는 발도파(Waldensses), 12세기, 프랑스 로잔느의 앙리(Henry of Lausanne)와 피에르 드 브뤼(Pierre De Bruys) 등 교황의 권위 앞에 도전하여 이단 종교로 정죄되었다. 14세기, 로마 교황청의 사치와 부패를 비판하던 프란체스코 수도회의 수도사들마저 이단 종교로 파문당하였으며, 종교개혁자들도 예외가 아니었다.³⁸

5) 종교개혁 시대부터 현대교회 시대까지의 이단 종교

무려 천 년 동안 중세의 암흑 속에서 신음하던 교회 위에 한 줄기 밝은 빛이 비춰기 시작하였다. 그것은 바로 종교개혁 시대의 빛이었다. 종교개혁의 과정에서 서방교회, 즉 로마교회는 로마 가톨릭³⁹교회와 개혁그룹인 기독교교회⁴⁰로 분리된 것이다.⁴¹ 종교개혁자들에게는 비성경적인 로마 가톨릭교회가 이단 종교였다. 종교개혁으로 교회의 권위가 아니라 하나님 말씀 중심의 개혁주의 신앙이 확립되었다. 그리고 종

---

37 탁지일, 『이단』, 42-43.
38 탁지일, 『이단』, 43. 이단 종교의 정죄는 종교 재판을 통해 이루어졌으며, 파문과 투옥, 그리고 사형 등의 형벌을 받았다. 종교 재판을 담당했던 기구는 현재에도 로마 가톨릭교회 안에 존재하고 있다.
39 가톨릭(Catholic)이라는 말은 우주적이란 말로서 로마 가톨릭교회가 자신들이 정통이란 의미에서 고수하고 있는 용어이다.
40 기독교교회(개신교회)는 진정한 정통교회로 영어로 'Protestant'(프로테스탄트)로서 이는 반대자란 의미이다. 그것은 로마 가톨릭교회의 비성경적이고 우상인 가르침과 부패에 대한 반대였다.
41 송요한, 『알기 쉬운 이단 분별법』(서울: 갈렙출판사, 2010), 101.

교개혁 이후로부터 현대교회에서는 성경이 기독교와 이단 종교를 분별하는 중요한 기준으로 자리잡게 되었다.[42]

4. 나가는 말

결론적으로, 이단 종교에 대한 이해와 역사는 기독교의 진리를 지키는 것이며, 동시에 선교적 대응책이다. 특히 한국종교의 풍토가 무속신앙(巫俗信仰)에 바탕을 두고 있다. 이에 기독교가 한국문화에 유입되면서 무속신앙과 융합되어 일어나는 열광적인 신비주의(神祕主義), 그리고 기복신앙(祈福信仰)은 비성경적인 양태로 변질되었다.[43]

한국교회는 이러한 이단 종교의 특성을 분석함으로써 이 땅에 기독교 복음을 어떻게 전파해야 하며, 하나님의 선교를 어떤 모양으로 수행할 수 있을 것인가를 알아보아야 할 것이다.[44]

---

[42] 탁지일, 『이단』, 44.
[43] 정행업, 『한국교회사에 나타난 이단논쟁』 (서울: 한국장로교출판사, 1999), 13.
[44] 정행업, 『한국교회사에 나타난 이단논쟁』, 13.

제2장

이단 종교의 특징들

1. 들어가는 말

최근 이단 종교는 오늘날 사람들의 마음과 생각을 빼앗으려고 경쟁을 벌이는 각종 이데올로기와 차이점들로 정통 기독교와 상반된 비성경적인 세계관을 가지고 있다. 그것은 예수 그리스도의 성육신과 십자가의 구속사역, 그리고 부활을 포함한 기독교 핵심 교훈들을 거부하기 때문이다.[1]

하나님께서 직접 만드신 공동체는 가정과 교회이다. 이단 종교는 언제나 하나님의 진리를 왜곡해 인간의 영혼육을 멸망케 하고, 가정을 파괴할 뿐만 아니라 정통 기독교를 분열로 이끄는 특징을 가지고 있다. 이단 종교는 가정을 파괴하나 정통 기독교는 가정을 세워 주는 역할을 한다.[2]

20세기에 가장 위대한 설교자였던 마틴 로이드 존스(Martyn Lloyd Jones, 1899-1981)는 이단 종교로부터 정통 기독교가 처해 있는 현실에 대하여 다음과 같이 말하였다.

---

[1] Fritz Ridenour, 『무엇이 다른가?』, 김태곤 역 (서울: 생명의말씀사, 2009), 130.
[2] 정동섭·이영애, 『박옥수·이요한·유병언의 구원파를 왜 이단이라 하는가?』, 6.

신약교회의 지도자가 수행해야 할 임무는 하나님의 말씀을 적극적으로 강해해 주는 것뿐만 아니라 그릇된 가르침이 교회에 침투하지 못하도록 막아내는 것이다. 여러 해 동안 목회 경험을 통하여 본인이 관찰할 수 있었던 것은 진리를 긍정적으로 뿐만 아니라 부정적인 면에서도 가르침을 받지 못한 사람들이 언제나 이단 종교에 끌려간다는 것이다. 그들은 미리 경고를 받고 미리 무장할 기회가 없었다. 오늘날 우리가 직면하고 있는 가장 큰 위험은 거짓 선지자와 거짓 선생들 사이에서 일어나고 있는 위험이다. 우리에게 거짓 선지자와 참 선지자를 구분하는 것보다 중요한 것은 없다.[3]

이단 종교를 연구하는 이유는 정통 기독교 교인들이 무엇보다 그들에게 미혹되지 않도록 막는 일이다. 따라서 객관적이고 절대적인 진리가 존재하지 않는, 그리고 그릇된 교리와 체계를 가지고 있는 이단 종교의 주요한 특징들에 대하여 살펴보아야 할 것이다.

2. 이단 종교의 특징

1) 이단 종교는 성경의 권위를 부정한다

성경을 믿는다고 주장하는 이단 종교는 인간, 하나님, 성령, 천국, 지옥, 구원, 그리고 다른 많은 교리에 관한 자신의 특정한 견해를 맞추

---

[3] D. Martyn Lloyd-Jones, *Romans 8:17-39: The Final Perseverance of the Saints* (Edinburgh: Banner of Truth, 1975), 369.

기 위해 성경의 가르침을 왜곡시킨다.[4] 대부분 이단 종교는 성경 외에 다른 경전을 가지고 있다.[5] 이단 종교는 성경을 인정한다고 말하지만 자의적으로 해석하고 특별계시를 받은 책이나 교재를 가지고 있는 것이 특징이다. 이러한 책과 교재들은 새로운 계시로서 하나님이 직접 계시한 책이라고 강조하는 데 있다.

이단 종교는 자기들만이 성경의 신비를 풀 수 있는 특수한 열쇠를 갖고 있으며, 자기들의 해석만이 참된 해석이라고 고집한다. 그들은 정통 기독교의 역사를 가진 성경 해석과 신조들은 성경의 참뜻을 보여 주는데 실패했는데, 그 이유는 정통 기독교가 성경의 의미를 오해한 것으로 해석 방법이 이방 사상에 기원을 두고 있기 때문이라고 주장한다.[6]

최종적인 권위를 성경에 두지 않는 이단 종교는 냉철하고도 객관적인 해석의 기준을 갖고 있지 못하기 때문에 이단 종교의 교주가 그때그때 감정에 따라 변덕스럽게 풀이한 성경 해석만을 유일한 해석으로 믿을 수밖에 없다.[7]

2) 이단 종교는 하나님의 직통 계시를 주장한다

한결같이, 하나님이 자기 종교에만 특별한 내용의 계시를 새롭게 주었다고 주장하는 이단 종교는 그릇된 소리만을 퍼뜨리고 다닌다. 사실 그들은 새롭게 받았다는 계시가 전에는 분명히 없었던 것으로서 이전의 진리 체계와는 상호모순 된다는 점에서 새롭다는 주장을 내세우고 있다.[8]

---

[4] Fritz Ridenour, 『무엇이 다른가?』, 13-32.
[5] 이단사이비대책위원회, 『이단사이비를 경계하라!』, 33.
[6] Josh McDowell & Don Stewart, 『이단종파』, 22.
[7] Josh McDowell & Don Stewart, 『이단종파』, 23.
[8] Josh McDowell & Don Stewart, 『이단 종파』, 21.

이단 종교는 다른 집단이나 개인에서 찾을 수 없는 절대적인 진리를 독점한다고 주장하며, 정통 기독교에 맡겨진 하나님의 진리가 시간이 지남에 따라 상실되었거나 부패하였다고 자신들의 집단에서 다시 회복되었다고 주장하고 있다.[9]

예를 들어, 천부교(天父敎)의 박태선(朴泰善, 1917-1990)은 그가 신앙생활을 시작한 지 21년이 되던 해에 자기의 옛 피는 모두 소변으로 쏟아져 나가고 성령의 새 피를 받았다고 주장하였다.

그리고 통일교의 문선명도 17세 때인 1936년 4월 17일 부활절 아침에 예수님께서 자기에게 나타나서 '아직 내가 할 일이 많은데 유대교 지도자들의 모략으로 십자가에 죽었다. 그러므로 내가 하지 못한 일을 네가 대신해라'는 음성을 들었으며, 그때 계시를 받아 쓴 것이 곧 『원리해설』이라고 한다. 그래서 그는 '문 예수'로 자처한다. 그리고 그는 '예수는 나의 제자이다'라고 주장한다.[10]

또한 구원파 박옥수의 경우, 죄 사함과 거듭남의 비밀은 자신들만이 깨달은 영적 비밀이요 진리라고 주장하였다.[11]

그래서 이단 종교의 지도자들은 예수님이 당시의 사역을 완성하지 못했고, 지금 온 세상은 그리스도의 사역이 이 땅에서 완성되기를 기다리며 준비하고 있기 때문이며, 전에는 계시되지 않았던 진리를 이 땅에 가져왔다고 가르치기에 이것을 새로운 주장이라고 말하는 것이다.[12]

---

9 이단사이비대책위원회, 『이단사이비를 경계하라!』, 34.
10 김희백, 『기독교이단상담학』(군산: 진달래출판사, 2014), 8.
11 이단사이비대책위원회, 『이단사이비를 경계하라!』, 34.
12 Josh McDowell & Don Stewart, 『이단종파』, 21.

3) 이단 종교는 교주를 신격화한다

오늘날 이단 종교들은 살아 있는 예언자들이 있어서 그들이 하나님으로부터 그때그때 계시를 받아 소위 새 진리를 이 땅에 가져다주고 있다고 주장한다.[13] 대체로 이단 종교는 특정한 신념들을 자신의 지도자들에게서 얻는다. 그래서 이단 종교의 지도자들은 새로운 성경 해석법을 발견했다며 성경에 무엇인가를 추가해야 한다고 주장한다.[14] 특히 교주의 강력한 리더십으로 말미암아 이단 종교의 신자들은 그들의 믿음과 행동, 그리고 모든 생활 방식에 있어서 전적으로 이단 종교의 가르침에 의존하고 있다.

예를 들어, 통일교와 하나님의교회는 자기들의 교주를 신격화하여 '재림 예수'라고 주장한다. 그들은 기도할 때 '예수님의 이름으로'가 아닌 그들 교주의 이름으로 기도한다. 전 세계적으로 '재림주'라고 자칭하는 자들은 날로 증가하고 있으며, 특히 한국의 경우, 약 40명의 '재림주'가 존재하고 있다.[15]

4) 이단 종교는 믿음으로 구원 받는 것이 아니며, 자신들에게만 구원이 있다고 강조한다

대개 이단 종교는 모든 정통 기독교가 그릇되며 자신들만이 하나님에 관한 참된 진리를 지니고 있다고 믿는다.[16] 그들은 참 진리를 전하고

---

[13] Josh McDowell & Don Stewart, 『이단종파』, 22.
[14] Fritz Ridenour, 『무엇이 다른가?』, 131.
[15] 김희백, 『기독교이단상담학』, 8.
[16] Fritz Ridenour, 『무엇이 다른가?』, 131.

있으므로 부패한 교회와 세상으로부터 핍박을 받고 있다고 생각하고 있다. 다시 말해, 그들은 역사의 중심적인 역할을 담당한다고 믿고 있으며, 예수 재림 시 자신들만 들림을 받는다고 착각한다.[17]

그들은 예수 그리스도에 대한 믿음만으로 구원을 받을 수 있음을 부인한다. 그들은 선행을 통해서 그들 나름대로 하나님의 뜻이라며 제시하는 교리와 요구사항들에 순종함으로써 하나님과 바른 관계를 맺을 수 있다고 가르친다.[18]

그리고 최근에 생긴 이단 종교는 교인 수도 별로 없는데 축복권과 저주권이 자기들에게만 있다고 공갈로 말한다.[19]

5) 이단 종교는 예수 그리스도의 신성을 부정한다

하나님이신 예수 그리스도를 믿지 않는 이단 종교는 예수 그리스도에 대해 좋게 말할 수도 있으며, 특정한 면에서 중요한 인물이라며 높일 수도 있다. 그러나 그들은 항상 예수 그리스도의 신성을 공박하거나 손상한다. 그들은 예수 그리스도를 인간 수준으로 낮추거나 인간을 그분의 수준으로 함부로 높인다.[20]

---

[17] 이단사이비대책위원회, 『이단사이비를 경계하라!』, 38-39.
[18] Fritz Ridenour, 『무엇이 다른가?』, 131.
[19] 김희백, 『기독교이단상담학』, 8.
[20] Fritz Ridenour, 『무엇이 다른가?』, 130-131.

6) 이단 종교는 윤리의식과 사회책임 의식이 약하다

특히 이단 종교 중에 몰몬교는 처음에는 일부다처제를 주장하여 세상을 떠들썩하게 하다가 나중에는 슬그머니 이를 부인하고 금지령을 내렸다.[21] 이처럼 이단 종교는 윤리 의식과 사회적 책임 의식이 약하다.

7) 이단 종교는 시한부 종말론을 의도적으로 강조한다

비상식적인 이단 종교는 비성경적인 종말론을 이용하여 세상을 미혹하고 있다.[22] 그들은 임박한 종말의 현상과 날짜를 정해 놓고 그날이 온다는 시한부(時限附) 종말론을 주장하여 맹신을 강요한다.[23] 그들은 이것을 극적으로 노리고, 자기 집단의 정당성과 차별성을 부각한다.

예를 들어, 다미선교회 이장림의 경우, 청소년들의 직통 계시의 체험을 근거하여 1992년 10월 28일에 종말이 온다고 주장하여 사회적인 물의를 일으키기도 하였다. 기독교복음선교회 정명석도 1999년 종말이 온다고 했으나 불발에 그쳤다.

신천지예수교 증거장막성전의 이만희(李萬熙, 1931-)도 1984년이 예수 재림의 날이라고 주장하였다. 하나님의교회도 1988년, 1999년, 2012년에 종말이 올 것을 예언하기도 하였으나 아무런 일도 일어나지 않았고 지금까지 침묵하고 있다.[24]

조건부 종말론, 혹은 시한부 종말론을 주장하는 이단 종교는 144,000

---

[21] Josh McDowell & Don Stewart, 『이단 종파』, 29.
[22] 탁지일, "현실적 교회, 종말론적 이단을 만나다!", 『교육교회』(2013, 12월), 22-26.
[23] 탁지일, 『이단』, 132.
[24] 이단사이비대책위원회, 『이단사이비를 경계하라!』, 40.

명 등의 조건을 설정해 놓고 재림의 날이 오면 자신들의 세상이 온다고 주장하여 맹신을 강요하고 있다.[25]

그리고 그들은 거액의 헌금을 강요하기도 하는데, 재림의 날짜와 구원받는 자의 숫자를 알아야 구원받는다고 주장하는 것들은 모두 다 이단 종교로 보아야 할 것이다.[26]

8) 이단 종교는 사후 천국보다 가시적인 천국과 지상천국을 강조한다

이단 종교는 한국의 전통적 예언서인 『정감록』(鄭鑑錄)이나, 16세기 남사고(南師古, 1509-1571) 선생의 예언서라는 『격암유록』(格菴遺錄)과 같은 조작한 내용이 추가된 비결서에 의존하여 세상종말의 때에 구원받을 장소가 동방인 한국이며, 말세 심판을 모면할 수 있는 곳은 십승지(十勝地)이고, 바로 그곳이 성경에서 예언한 지상천국이 건설되는 장소라고 주장한다.[27]

이처럼 한국의 이단 종교들은 한국 땅에 메시아가 재림한다거나 재림주가 한국인이라는 국수주의적인 태도를 보인다. 언젠가 『정감록』에 예언된 정도령(鄭道令)이 나타나는 장소가 계룡산으로 알려져 그곳이 한국의 이단 종교의 집결지가 되기도 하였다.[28]

예를 들어, 신천지예수교 증거장막성전 이만희의 경우, 다른 이단 종교들처럼 한국판 예언서로 알려진 『격암유록』을 인용하여 재림주는 한국인이고, 지상천국은 한국 땅에서 이루어진다고 주장하였다.

---

25 탁지일, 『이단』, 132-134.
26 김희백, 『기독교이단상담학』, 9.
27 이단사이비대책위원회, 『이단사이비를 경계하라!』, 37.
28 이단사이비대책위원회, 『이단사이비를 경계하라!』, 37.

그리고 무서운 종말심판을 모면할 도피처로 십승지(十勝地), 즉 십자가로 승리한 곳이 있는데 그것이 바로 과천의 청계산이며, 옛 도시 이름이 동방이라는 허무맹랑한 주장을 펼쳤다. 여기서 청계산의 계는 시내 계(溪)인데 구약성경에서 모세가 십계명을 받았던 시내 산을 말한다고 주장하였다.[29]

그리고 여호와의증인의 창시자, 찰스 러셀은 인류가 1914년에 멸망할 것이라고 예언하였다. 여호와의증인은 지상천국에 대하여 다음과 같이 주장하였다.

> 지상의 모든 국가는 1914년에 멸망할 것이다. 불완전한 인간이 다스리는 지상의 통치는 1914년에 종말을 고할 것이다. 팔레스틴에서 이스라엘이 재건될 것이다. 하나님의 은혜에 의해 지상 예루살렘이 회복될 것이다. 1914년에 지상에 하나님의 왕국이 완전히 실현될 것이다. 현존하는 모든 제도는 1914년에 붕괴될 것이다. 예수께서는 1874년에 영적으로 지상에 오셨다. 1914년에 지상의 새로운 통치자로 오실 것이다. 1914년이 가기 전에 그리스도의 몸인 마지막 교인들은 그리스도와 함께 영화롭게 변할 것이다.[30]

9) 이단 종교는 조직을 외부와 단절하여 폐쇄적으로 운영한다

한국의 이단 종교들은 한국사회의 불안정성과 불확실성을 자신들의 세력 확장을 위한 도구로 효과적으로 이용해 오고 있다.[31] 그들은 추종

---

[29] 이단사이비대책위원회, 『이단사이비를 경계하라!』, 37.
[30] Josh McDowell & Don Stewart, 『이단종파』, 31-32.
[31] 탁지일, 『이단』, 124.

자들에게 출석 중인 교회에서 탈퇴하여 자신들의 공동체에 입회할 것을 요구한다. 그래서 그들은 교주를 중심으로 하여 집단생활을 하며 가정과 사회로부터 철저히 단절할 것을 주장하기도 한다.[32]

이단 종교에 넘어가는 자들은 대부분 현실 도피주의자들이다. 그들끼리 비밀을 잘 지키고 뭉치며, 정통 기독교의 교인들보다 더 친절하고 더 뜨겁게 사랑한다. 그래서 이단 종교에 한 번 빠지면 헤어나올 수 없게 된다. 그리고 생사고락(生死苦樂)을 함께하면서 훈련을 받고 포교활동을 하며, 그러다가 사회를 떠들썩하게 하는 사고들을 일으키기도 하므로 이단 종교를 주의해야 할 것이다.[33]

3. 나가는 말

결론적으로, 이단 종교의 특징들 가운데에는 어느 한 가지를 가지고 있다고 해서 어떤 단체가 이단 종교라고 단정할 수 없다. 하지만 어느 한 가지라도 가진 단체가 있다면 이단 종교일 가능성이 있으므로 항상 경계해야 한다.[34]

모든 이단 종교들은 예수 그리스도가 하나님의 아들이라는 사실을 부인하고 있으며, 인류의 유일한 소망 되신 삼위일체 하나님의 인격을 부인하고 있다.

---

[32] 이단사이비대책위원회, 『이단사이비를 경계하라!』, 39.
[33] 김희백, 『기독교이단상담학』, 10.
[34] Josh McDowell & Don Stewart, 『이단 종파』, 32.

제3장

왜 이단 종교에 빠지는가?

1. 들어가는 말

많은 정통 기독교 교인들은 이단 종교에 쉽게 현혹되는 기본적인 원인이 있다. 정통 기독교가 종교의 기능을 감당하지 못할 때 이단 종교가 관심을 가지고 접근한다. 그들은 이론적인 요소보다 믿음의 체계, 그리고 실천적 요소보다 의식 체계를 강조한다. 그래서 교인들의 욕구 충족을 교회가 시켜주지 못하면 이것을 충족시키는 대리 체계로 이단 종교를 찾게 된다.[1]

어쨌든 이단 종교는 새롭게 포교하려고 하지 않고 정통 기독교 교인들을 집중적으로 공격한다. 그들은 교인들을 공격하여 포로로 삼는 것이 새롭게 포교하는 것보다 쉽다는 것을 알고 있다. 그리고 그들이 교인들을 포섭하는 방법은 성격적으로 접근하는 것과 인간적 친절, 그리고 물질 공세를 한다.

---

[1] 이단사이비대책위원회, 『이단사이비를 경계하라!』, 23.

그러므로 한국교회는 교인들이 이단 종교와 접근하는 것을 금지하는 것은 성경적이라고 강조해야 한다(요이 1:7-11).[2]

한국교회 교인들을 대상으로 포교하는 이단 종교는 그 신도의 수가 급성장하고 있는 실정이다. 무엇보다 한국교회가 앞장서서 교회를 보호하고 교인들이 이단 종교에 미혹되지 않도록 노력해야 하며, 이단 종교에 빠진 사람도 회심시키는 일에 앞장서야 할 것이다.[3] 한국교회 교인들이 이단 종교에 쉽게 빠지는 이유를 알아서 그 방어책을 마련할 수 있어야 한다.[4] 이를 위해시 한국교회 주변에 이단 종교로 빠지는 일곱 가지 원인에 대하여 살펴보겠다.

2. 이단 종교에 빠지는 원인

1) 사회 불안의 원인

이단 종교는 한국사회가 성지석 불안과 사회적 불안, 그리고 경제적 어려움으로 미래가 불확실함으로 불안한 상황일 때 발생한다. 예를 들어, 젊은 사람들이 정체감을 형성하고 삶의 목적과 의미를 추구하는

---

[2] "미혹하는 자가 세상에 많이 나왔나니 이는 예수 그리스도께서 육체로 오심을 부인하는 자라 이런 자가 미혹하는 자요 적그리스도니 너희는 스스로 삼가 우리가 일한 것을 잃지 말고 오직 온전한 상을 받으라 지나쳐 그리스도의 교훈 안에 거하지 아니하는 자는 다 하나님을 모시지 못하되 교훈 안에 거하는 그 사람은 아버지와 아들을 모시느니라 누구든지 이 교훈하지 않고 너희에게 나아가거든 그를 집에 들이지도 말고 인사도 하지 말라 그에게 인사하는 자는 그 악한 일에 참여하는 자임이라"(요이 1:7-11).

[3] 「들소리신문」 2016년 12월 26일자.

[4] 김희백, 『기독교이단상담학』, 10-11.

시기에 독립심을 기르고, 성적 변화에 적응해야 하고, 진로 등을 결정해야 해야 하는데 이러한 불확실성을 직면하게 될 때 방황하게 된다. 이러한 불안정한 상황에서 이단 종교는 상대적으로 안정감을 제공하는 것처럼 보인다.[5]

종말론(Eschatology)의 의식을 고조시키고 절망감을 안겨주는 이단 종교는 동시에 자신을 통해서만 구원을 얻을 수 있다는 희망을 약속함으로써 젊은 사람들을 유혹한다.[6] 가정과 부모의 권위가 없는 가정, 특히 부모와의 관계에서 만성적으로 불행하다고 느끼는 방치된 사춘기의 청소년들과 젊은 사람들이 이단 종교에 빠지기가 쉬운 것이다.[7]

2) 가정 붕괴의 원인

한국사회의 산업화로 핵가족화 현상과 가정의 불안정, 그리고 성 개방으로 인한 성 문란, 미디어를 통해 소개되는 부정적인 가정에 대한 관점은 현대인들에게 가정을 위협하고 있다. 가출 청소년의 증가와 OECD(Organisation for Economic Co-operation and Development) 국가에서 가장 높은 이혼율, 그리고 자살률의 증가는 이를 반영하고 있다. 인간은 가정에서 소속감을 느끼지 못할 때 외로움과 소외감이 증가한다.[8]

이럴 때, 이단 종교는 가정생활에서 소외감을 느끼고 안정감을 상실한 젊은 사람들에게 이상적인 집단생활을 제시하고, 소속감과 안정감을 제공하는 것처럼 접근하는 것이다.[9] 예를 들어, 삶이 어렵거나 역기

---

5 이단사이비대책위원회, 『이단사이비를 경계하라!』, 23.
6 이단사이비대책위원회, 『이단사이비를 경계하라!』, 24.
7 대전광역시 기독교연합회 이단사이비대책위원회, 『우리시대의 이단들』, 23.
8 이단사이비대책위원회, 『이단사이비를 경계하라!』, 24.
9 이단사이비대책위원회, 『이단사이비를 경계하라!』, 24.

능 가정에서 자랐거나 이혼이나 개인적인 우울한 일을 경험한 사람이 삶의 방향을 잃었을 때, 혹은 신체적 결함이나 가정의 문제가 있어서 정신적인 고통을 느낄 때, 이단 종교에라도 의지하고 싶은 마음이 생겨서 빠질 수 있다.[10]

이처럼 가정 붕괴의 원인으로 인해 소외감과 청소년들의 이단 종교 가입 사이에는 높은 상관 관계가 있다. 이단 종교에 속한 사람들은 그들만의 상호 의존성을 깊이 의식하고 있으며, 절대적 충성심과 서로를 돌아보는 친밀한 교제로 뭉쳐 있는 것이다.[11]

3) 상대주의 가치관의 원인

절대성보다는 종교다원주의(Religious Pluralism)나 포스트모던(Postmodern) 사상이라는 상대주의(Relativism) 가치관을 지향하는 시대적 흐름은 이단 종교에 빠지는 원인이 되고 있다. 다시 말해, 아무것도 확실하지 않고 모든 것이 다 상대적이며, 진리는 하나가 아니라 여럿이며, 당신이 생각하는 그것이 바로 진리라는 주장들이 사회적 통념이 되어 가면서 이단 종교의 활동이 힘을 얻고 있다.[12]

이런 상황에서 강력한 카리스마를 행사하는 권위적인 지도자의 확신을 안겨주는 메시지는 불안한 가운데 확실한 것을 찾고 있는 현대인들에게 강력한 호소력을 지니고 있다. 이러한 성향을 가지고 있는 교주들이 던져 주는 왜곡된 계시나 깨달음은 추종하는 자들에게 기분 좋게

---

10 김희백, 『기독교이단상담학』, 11 ; 대전광역시 기독교연합회 이단사이비대책위원회, 『우리시대의 이단들』, 22.
11 이단사이비대책위원회, 『이단사이비를 경계하라!』, 24.
12 이단사이비대책위원회, 『이단사이비를 경계하라!』, 24.

만들 뿐만 아니라 안정감을 주지만 실재는 진리의 부재를 경험하게 되는 것이다.[13]

4) 교회 부패와 분열의 원인

교회들이 하나님의 부르심에 충실하지 못하고 부정적인 모습이 만연하면 교회를 찾는 젊은 사람들에게 건강한 기독교 이미지를 심어주는 데 실패한다. 특히 목회자들의 도덕적 문제와 교회의 신뢰가 추락할 때, 이단 종교는 용인되고 번성하게 된다. 그래서 항상 이단 종교는 정통교회의 제도적 결함과 부패를 민감하게 공격함으로써 사람들에게 공감을 얻는다.[14]

예를 들어, 경제적 열등감으로 인한 갈등과 직분에 대한 소외감, 그리고 교회가 날로 사치스럽게 변모하고 대형화하는 데 대한 실망감, 목회자의 탈선과 호화로운 생활, 명분 없는 교파 분열, 교권 싸움 등의 원인이 항상 이단 종교의 공격대상이 되는 것이다.[15]

교회가 혼란하고 분열이 생길 때, 교인들은 이단 종교에 흡수되는 경우가 허다하다. 따라서 한국교회에서는 교회에 불만이 있는 교인들이 누구인지에 관심을 가져야 하고, 그리고 교회의 분열이 있을 때 이단 종교에 넘어가는 교인들이 생기지 않도록 조심해야 할 것이다.[16]

---

[13] 이단사이비대책위원회, 『이단사이비를 경계하라!』, 24-25.
[14] 이단사이비대책위원회, 『이단사이비를 경계하라!』, 25.
[15] 이단사이비대책위원회, 『이단사이비를 경계하라!』, 25.
[16] 김희백, 『기독교이단상담학』, 11.

5) 보편주의 욕구 불만의 원인

대부분 사람이 이단 종교를 추종하는 것은 진리나 기준이 아니라 다른 이유가 있다. 다시 말해, 교회가 사람들의 감정과 심리, 그리고 사회적 욕구를 채워주지 못하기 때문이다.[17] 이단 종교는 정통교회에서는 만족하지 않는 인간 욕구들을 충족시킬 수 있는 답을 제시하곤 한다. 많은 교인이 이단 종교에 엮이는 것은 고독과 영적 공허함, 그리고 어떤 봉사를 통해 하나님을 기쁘시게 하는 길을 찾고 싶은 갈망 등의 문제들에 대한 실제적 해결책을 찾기 때문이다.[18]

예를 들어, 이단 종교 가운데 몰몬교의 경우, 가정은 지상천국이라는 슬로건을 내걸고 사회사업을 추진하여 자기 신도들은 아무도 경제적 어려움을 겪지 않는다고 자랑한다. 하나님의교회의 경우, 성경 시대의 공동체를 실현시킨 것처럼 각종 구제, 봉사 활동에 앞장서면서 사회적으로 건전한 단체인 것처럼 위장한다.[19]

따라서 이단 종교에 속하기 위해서는 힘든 수고를 감당해야 한다. 이단 종교가 요구하는 노력에 보조를 맞추다 보면 육체적, 정신적, 정서적으로 영적으로 쉽게 지쳐 버릴 수가 있다. 이럴 때 참된 신앙을 갖기 위해서는 하나님께 어떤 노력을 보여야 한다고 이단 종교는 주장하지만, 내면 깊은 곳에서는 아무리 애를 써도 이단 종교가 말하는 하나님의 요구를 만족시켜 드릴 수 없게 된다는 것이다.[20]

최근 들어, 이단 종교는 선한 사마리아인처럼 자비와 사랑을 베푸는

---

[17] 이단사이비대책위원회, 『이단사이비를 경계하라!』, 25.
[18] Fritz Ridenour, 『무엇이 다른가?』, 131-132.
[19] 이단사이비대책위원회, 『이단사이비를 경계하라!』, 25-26.
[20] Fritz Ridenour, 『무엇이 다른가?』, 132.

이미지를 풍기려고 한다. 그들을 접해 본 사람들은 이단 종교의 이념보다는 공동체 내에서의 친밀감과 교제, 그리고 소속감 등에 더 끌린다고 말한다. 이단 종교는 사람들에게 만병통치와 만사형통, 소원성취와 사업 성공, 건강 장수와 가정 화목, 그리고 영생불사 등 다양한 인간의 욕구들을 채워 줄 수 있다는 허위적인 약속을 한다는 것이다.[21]

6) 영적 무력감의 원인

교인들은 한국교회의 부흥을 진정한 예수님의 제자로 양육되는 것이 아니라 대형교회가 되는 것으로 이해하고 있다. 그리고 목회 성공의 열망에 빠진 목회자들은 교인 개개인의 영적 성숙이나 생활의 변화에는 무관심하다. 또한, 교인들은 진정한 목표의 상실로 인해 복음전도의 열정이 왜곡되고 성경이나 교리에 대해 무지하여 자기 뜻대로 해석하는 데 익숙해져 있어서 교회 생활을 율법적으로 생각하고 있다.[22]

신앙에 문제가 있을 때, 교인들은 이단 종교에 쉽게 빠져간다. 다시 말해, 성경 지식이나 구원의 확신이 없을 때 이단 종교에 빠지기 쉽다.[23] 그리고 교인들은 영적 분별력을 잃어버리고 심지어 무속신앙이나 신비한 은사들에 의존하고 있다. 이단 종교는 이런 교인들에게 접근하여 진리에 대한 갈망과 영적 무기력감을 단번에 해결해 준다고 미혹하고 있다.[24] 따라서 한국교회에서는 영적인 무력감에 빠진 교인들에게 각별한 관심을 가지고 보살펴야 할 것이다.[25]

---

[21] 이단사이비대책위원회, 『이단사이비를 경계하라!』, 26.
[22] 이단사이비대책위원회, 『이단사이비를 경계하라!』, 26.
[23] 김희백, 『기독교이단상담학』, 11.
[24] 이단사이비대책위원회, 『이단사이비를 경계하라!』, 26.
[25] 김희백, 『기독교이단상담학』, 11.

7) 사단 역사의 원인

많은 이단 종교의 활동과 가르침은 드러나고 있는 외적인 현상만 보더라도 그 배후가 있음을 알 수 있다.[26] 데살로니가후서 2:9-12에서 사도 바울은 다음과 같이 언급하였다.

> 악한 자의 나타남은 사탄의 활동을 따라 모든 능력과 표적과 거짓 기적과 불의의 모든 속임으로 멸망하는 자들에게 있으리니 이는 그들이 진리의 사랑을 받지 아니하여 구원함을 받지 못함이라 이러므로 하나님이 미혹의 역사를 그들에게 보내사 거짓 것을 믿게 하심은 진리를 믿지 않고 불의를 좋아하는 모든 자가 심판을 받게 하려 하심이라(살후 2:9-12).

이단 종교를 통해 이성을 마비시키고 정신을 혼미하게 만드는 미혹의 역사는 분명한 사단의 활동이다. 다시 말해, 성경은 이러한 이단 종교의 활동을 거짓의 아비인 사단의 조종이라고 가르치고 있다.[27]

그래서 고린도후서 11:13-15에서 사도 바울은 다음과 같이 언급하였다.

> 그런 사람들은 거짓 사도요 속이는 일꾼이니 자기를 그리스도의 사도로 가장하는 자들이니라 이것은 이상한 일이 아니니라 사탄도 자기를 광명의 천사로 가장하나니 그러므로 사탄의 일꾼들도 자기를 의의 일꾼으로 가장하는 것이 또한 대단한 일이 아니니라 그들의 마지막은 그 행위대로 되리라(고후 11:13-15).

---

[26] 이단사이비대책위원회, 『이단사이비를 경계하라!』, 26.
[27] 이단사이비대책위원회, 『이단사이비를 경계하라!』, 27.

3. 나가는 말

결론적으로, 이단 종교에 빠지는 원인을 살펴봄으로써 여기서 벗어나는 길은 교회가 경각심을 가지고 교인들을 대상으로 하여 교육하기에 힘써야 한다. 교인들에게 교육하는 것은 주일설교만으로 부족하므로 별도의 교리교육을 통해 구원의 확신을 가질 수 있도록 훈련해야 한다.

그리고 교회는 최근에 포교활동을 펼치고 있는 이단 종교들을 파악하여 교인들에게 정보를 알려주어야 한다.[28] 또한, 각 교회와 교단이 연합하여 이단 종교 세미나를 통해 교인들에게 적극 홍보하여 경각심을 가지도록 하는 것은 매우 중요하겠다. 아울러 교인들이 교회 밖에서 성경공부를 하지 못하도록 목회자는 적극적으로 지도해야 하며, 무엇보다 기독교가 교단들과 연합하여 이단 종교에 대처하는 지혜가 필요할 것이다.[29]

---

[28] 진용식, "한국교회이단상담소협회장 진용식 목사 인터뷰",『교회성장』(2017. 9), 40.
[29] 진용식, "한국교회이단상담소협회장 진용식 목사 인터뷰", 40.

제4장

이단 종교를 분별하는 방법들

1. 들어가는 말

이제 한국의 이단 종교는 세계 곳곳에서 교회와 사회를 영적으로 어지럽히고 있다. 전 세계에서 활동하고 있는 이단 종교를 대처하기란 쉽지가 않다. 최선의 대처 방법은 해외에서 활동하는 한국 이단 종교에 대한 정보와 효과적인 대처 방안의 지혜를 공유하는 것이다.

이단 종교 대처 활동을 하는 공신력 있는 단체들이 운영하는 사이버 공간을 통해 이루어지는 네트워크의 건설이 시급히 요구되고 있다.[1]

한국교회는 집집마다 방문하면서 택한 하나님의 백성을 미혹하려는 이단 종교로부터 미리 그 미혹을 받지 않도록 진리 안에 거해야 한다.[2] 이를 위해 이단 종교를 분별하는 방법들에 대하여 살펴보고자 한다.

---

[1] 탁지일, 『이단』, 144.
[2] 탁명환, 『통일교의 최근 동향과 여호와증인의 비판』 (서울: 국제종교문제연구소, 1988), 78.

2. 이단 종교를 분별하는 방법들

1) 신앙고백인 사도신경의 여부를 통해 분별할 수 있다

한국교회는 많은 교파에도 불구하고 모두 다 사도신경을 신앙고백으로 채택하고 있으며, 일치하고 있다. 주일예배 시간에 모든 교회에서는 사도신경을 신앙고백으로 전교인이 외운다. 그러나 이단 종교는 사도신경을 신앙고백으로 받아들이기를 거부한다.[3]

2) 예수 그리스도의 십자가 구속의 교리를 통해 분별할 수 있다

이단 종교는 예수 그리스도의 십자가 구속에 대하여 부인한다. 특히 그들은 기독교의 십자가를 우상이라고 혹평하기도 하지만 한국교회는 십자가를 향하여 절을 하거나 숭배의 대상으로 섬기지는 않는다.

인간은 죄악으로 인해 십자가의 죽음과 같은 저주를 받는 것이 마땅하겠지만 하나님은 인간의 구원을 위하여 아낌없이 독생자를 이 땅에 인간의 모습으로 보내시고, 30년의 생애와 3년의 공생애를 보낸 후, 그분은 친히 우리의 죄를 대신해서 십자가에서 속죄의 죽음을 선택하셨고, 그로 인하여 우리는 구원을 받은 것이다.[4]

그러므로 대부분 한국교회는 기도문에서 반드시 "예수 그리스도의 이름으로 기도하옵나이다. 아멘"이라고 하며 기도의 끝을 맺게 된다. 십자가는 유대 나라에서 흉악범을 처형하던 무시무시한 형틀이었던 것이 예수의 십자가 대속의 죽음 이후에는 인류 구속의 상징이 된 것이

---

[3] 탁명환, 『통일교의 최근 동향과 여호와증인의 비판』, 78.

[4] 탁명환, 『통일교의 최근 동향과 여호와증인의 비판』, 78.

다.[5] 그래서 기독교는 물론 가톨릭을 포함하여 희랍정교회, 성공회, 회중교회 등 모든 교회의 지붕과 종탑에는 십자가가 높이 세워져 있다. 그러나 여호와의증인, 통일교, 천부교, 몰몬교 등에서는 십자가의 모형을 그 어디에서도 찾아 볼 수가 없다.[6] 이처럼 모든 이단 종교는 십자가를 저주와 실패의 상징으로 보고 있다.[7]

3) 성경 66권의 권위를 통해 분별할 수 있다

정통 기독교는 성경 66권을 정경(正經)으로 받아들인다. 하지만 이단 종교는 성경의 권위보다는 다른 복음에 대한 권위를 부여하고 있으며, 그것을 통해서 하나님의 특별계시의 계속성을 주장하고 있다. 그러나 하나님의 특별계시는 성경에서 그 끝맺음을 하고 있으므로 다른 특별계시를 주장한다면 이단 종교일 수밖에 없는 것이다.[8]

그런데도 통일교는 새로운 진리의 필요성을 역설하고 있다. 성경은 진리 자체가 아니므로 시대에 따라 변해야 하므로 절대시할 것이 못 된다고 믿는다. 그리고 성경은 낡은 시대의 산물인 교훈 집이며, 또한 성경은 하나의 달과 별 빛 같은 교과서이며, 끝 날에 태양과 같은 새 진리

5　탁명환, 『통일교의 최근 동향과 여호와증인의 비판』, 78.
6　탁명환, 『통일교의 최근 동향과 여호와증인의 비판』, 78-79.
7　통일교는 원리강론에서 메시아의 강림과 재림의 목적에 대하여 말하기를, "예수는 초림주로서 인류를 구원하러 왔으나 완전 구원을 이루지 못했으며, 그 이유인즉 십자가로 인하여 인류의 원죄를 청산하고 구원을 이룬 것이 아니고 오히려 십자가로 인하여 구원에 실패했고, 그러므로 십자가는 구원실패의 상징이다. 십자가 죽음은 하나님의 뜻이 아니라 인간의 무지 결과이며, 십자가 죽음에서 영적 구원만을 이루고 육적 구원은 실패했다"라고 하였다. 세계기독교통일신령협회, 『원리강론』(서울: 성화사, 1966), 148-240.
8　탁명환, 『통일교의 최근 동향과 여호와증인의 비판』, 79.

가 나와서 종교와 과학을 하나의 과제로써 해명해 줄 수 있어야 절대적 진리가 되므로 모든 종교까지도 통일시킬 수 있는 것이 원리강론이라는 것이다.[9]

여기서 여호와의증인 경우도 예외가 아니다. 그들은 『킹제임스성경』(King James Version) 성경을 번역하면서 그들의 교리와 부합되기 때문에 가령 성령(The Holy Spirit) 같은 용어는 모두 삭제해 버리고 다만 영(Spirit)이라고 변역한 『신세계역성경』(The New World Translation)을 채택하고 있다. 아울러 몰몬교에서도 『몰몬경』을 하나님의 특별계시로 받아들이고 있다.[10]

그러나 요한계시록 22:18-19에서 다음과 같이 언급한다.

> 내가 이 두루마리의 예언 말씀을 듣는 모든 사람에게 증언하노니 만일 누구든지 이것들 외에 더하면 하나님이 이 두루마리에 기록된 재앙들을 그에게 더하실 것이요 만일 누구든지 이 두루마리의 예언 말씀에서 제하여 버리면 하나님이 이 두루마리에 기록된 생명 나무와 및 거룩한 성에 참여함을 제하여 버리시리라(계 22:18-19).

그러므로 성경에 가감할 수 없음을 엄격하게 경고하고 있다.

4) 한국교회 교인들만 대상으로 미혹하고 있음을 통해 분별할 수 있다

한국교회 교인들은 전도 활동을 하다가 이미 교회에 다니고 있는 교인은 더 전도하지 않고 소속교회에 충성을 다하라고 말하며, 교인의 교

---

[9] 세계기독교통일신령협회, 『원리강론』, 8-10.
[10] 탁명환, 『통일교의 최근 동향과 여호와증인의 비판』, 80.

제와 인사를 나누고 헤어진다. 그러나 이단 종교는 계획적으로 집집하다 방문하여 교인임을 알리는 교패가 부착된 가정만을 선택하여 공격과 포섭의 대상으로 삼고 있다.[11]

왜냐하면, 이단 종교의 교주들은 모두 정통 기독교에서 나간 자들이기 때문에 현실 교회의 약점들을 너무나도 잘 알고 있다. 그들은 주로 교회에 다니는 교인들을 찾아다니면서 현실 교회의 약점들을 찾아 비난한다. 교회가 헌금을 강조한다면서, 목사들은 자기 배만 채우는 삯꾼이며, 교회에 수십 년 다녀도 성경을 바로 알지 못한다면서 비난한다. 심지어 이단 종교는 교회의 성탄절 행사와 교인들의 부모 추모식까지 성경적 근거가 없다고 힐난한다.[12]

예를 들어, 여호와의증인은 그들이 방문한 포교대상자가 교인일 경우에는 교인이라면 더욱 잘 됐다며 접근한다. 그리고 택한 하나님의 백성을 미혹하는 이단 종교 가운데는 속칭 구원파라는 이단 종교도 있다.

5) 지도자를 숭배하는 모습을 통해 분별할 수 있다

한국교회는 교인들이 지도하는 목회자를 참으로 존경하는 풍토가 조성되어 있다. 교인들은 목회자를 존경할 뿐이다. 그러나 이단 종교는 지도자를 신적 존재로 우상화 내지는 신격화하고 있다. 그래서 이단 종교는 지도자를 '재림 예수', '말세 마지막 종', '하나님의 어린 양', '선지자', '보혜사 성령', '심판 주 하나님', '새 하나님', '하나님의 부인', '하나님의 둘째 아들' 등으로 그야말로 신격화된 이름으로 부른다.[13]

---

[11] 탁명환, 『통일교의 최근 동향과 여호와증인의 비판』, 80.
[12] 김희백, 『기독교이단상담학』, 9.
[13] 탁명환, 『통일교의 최근 동향과 여호와증인의 비판』, 80-81.

예를 들어, 통일교 교주 문선명은 아담 대신에 '인류의 참된 아버지'요, 그 부인 한학자 여인은 '참된 어머니'라고 하며, 그 부부를 '참 부모'라고 불렀다. 그래서 기도할 때, "참 부모님의 이름으로 아뢰었습니다. 아멘"으로 끝을 맺는다. 그 참 아버지는 이 땅에 다시 여인의 몸을 통해 오는 재림의 그리스도인 문 교주라는 것이다.[14]

그리고 천부교의 교주 박태선은 1980년 1월 1일 자로 5,798세짜리 '새 하나님'으로 선포했는데, 그 후 1조 5천억 세라고 하여 그렇게 믿고 있는 신도들도 있었다. 또한, 하나님의교회는 안상홍을 '성령 하나님'이라고 했으나 1985년 2월에 사망하였다. 이처럼 모든 이단 종교의 교주들은 하나같이 신앙의 대상과 숭배의 대상으로 신도들에게 신격화되어 있다.[15]

6) 신비주의를 통해 분별할 수 있다

이단 종교는 불건전한 신비주의(Mysticism)의 온상에서 독버섯처럼 발생한다. 기독교는 온통 신비로 가득한 진리를 내포하고 있지만, 이단 종교는 자신들이 체험한 불건전한 신비체험을 마치 진리인 양 주장하고 있다. 예를 들어, '자기만이 하나님과 직통한다', '직접 계시를 받았다', '예수를 직접 만났다', '환상을 보았다', '두루마리를 삼켰더니 성경을 100% 통달하게 되었다' 등의 주관적인 신비체험을 바탕으로 하여 객관화시키려고 한다.[16]

---

14 탁명환, 『통일교의 최근 동향과 여호와증인의 비판』, 81.
15 탁명환, 『통일교의 최근 동향과 여호와증인의 비판』, 81-82.
16 탁명환, 『통일교의 최근 동향과 여호와증인의 비판』, 82.

7) 성경 해석의 오류를 통해 분별할 수 있다

종교개혁자 마틴 루터(Martin Luther, 1483-1546)는 성경의 가장 정확한 주석은 성경이라 하여 원리적인 해석(Principle Interpretation)을 주장하였으나, 이단 종교는 대부분 은유적인 해석(Allegorical Interpretation)을 시도하다가 지나쳐서 성경 해석의 오류를 범하는 경우가 많다. 그리고 이단 종교는 자신들만이 성경을 100% 통달할 수 있다는 교만에 빠져 있다.[17]

한국교회에 보고된 이단 종교만 하더라도 150여 개나 된다. 이단 종교는 실제로 진리가 아닌 것을 가지고 진리인 것처럼 행세하고 있다. 기독교 교인들은 알면서도 넘어가는 것이 이단 종교라고 하는데, 구체적으로 알아보는 것은 몸에 보약(補藥)이 될 것이다.[18]

3. 나가는 말

결론적으로, 이처럼 모든 이단 종교는 다음과 같은 공통점을 가지고 있다.[19]

첫째, 교주 자신과 신도들에게 맞고 인기 있는 교회를 형성한다.
둘째, 성경 일부분을 지나치게 확대 해석하여 강조한다.
셋째, 주님의 교회 공동체에서 분리시킨다.

---

[17] 탁명환, 『통일교의 최근 동향과 여호와증인의 비판』, 82.
[18] 국제전도폭발 한국본부, 『국제전도폭발 V단계 훈련교재』(서울: 한국전도폭발 출판부, 2005), 112.
[19] 탁명환, 『통일교의 최근 동향과 여호와증인의 비판』, 87.

제4장 이단 종교를 분별하는 방법들

넷째, 진리를 100% 완벽하게 통달하고자 하는 교만을 가진다.

다섯째, 사도들의 신앙고백을 거부한다.

여섯째, 교주를 신격화하거나 숭배의 대상으로 삼는다.

일곱째, 시한부 심판설을 주장한다.

제5장

여호와의증인

1. 들어가는 말

여호와의증인(Jehovah's Witness)은 전 세계에서 네 번째로 큰 이단 종교 가운데 하나로서 고속 성장을 거듭하고 있다.[1] 그들은 집집마다 다니며, 혹은 다른 공공건물들 앞에 서서 인쇄물을 나눠 주며, 포교활동에 많은 시간을 할애한다. 공식적으로 여호와의증인은 방대한 양의 인쇄물들로 신도들을 무장시키고 있다.[2]

한국에서는 「파수대」와 「깨이라」의 회지를 들고 다니는 여호외의증인의 신도들을 어렵지 않게 만날 수 있다.

여호와의증인인지 아닌지 구분하는 방법의 하나는 '예수님은 하나님인가?'라는 질문을 던져보면 된다. 여호와의증인은 이 질문에 대하여 'No'라고 답한다.

여호와의증인은 자신들의 집회 장소를 교회가 아니라 회관이라고 부른다.[3] 그들은 정통 기독교가 믿고 있는 교리 대부분을 왜곡하고 부정한

---

[1] 김희백, 『기독교이단상담학』, 368.
[2] Fritz Ridenour, 『무엇이 다른가?』, 134-135.
[3] 정윤석, 『평생 이단에 빠지지 않는 복된 신앙』, 101.

다. 아울러 그들은 수혈 거부와 병역 거부, 그리고 심지어 국가체제를 사탄으로 규정하는 등 사회적이고 윤리적인 문제를 일으키고 있다.

2010년 10월에 여호와의증인 신도가 교리상의 이유로 자녀의 생명권을 거부했는데, 재판부에서는 "종교적 신념에 따른 친권 행사가 자녀의 생명권을 침해할 경우 친권의 효력을 인정할 수 없다"라고 판결하였다.[4] 따라서 종교 교리라는 미명 하에 생명권을 위협할 뿐만 아니라 국가의 병역을 거부함으로써 청년들을 전과자로 양산하는 등 큰 피해를 낳고 있는 여호와의증인이 과연 어떤 이단 종교인지에 대하여 살펴보고자 한다.

2. 여호와의증인 창시자 찰스 러셀의 프로필과 역사

여호와의증인은 '워치타워성서소책자협회'(the Watchtower Bible and Tract Society)로 시작하여 찰스 러셀(Charles T. Russell, 1852-1916)이 창시하였다. 러셀은 1852년 2월 16일 미국 펜실베니아 주 알레거니 지방에서 태어났다.

러셀은 십대 때 어린 나이로 정식 신학교육을 받지 못한 상태에서 성경 공부반을 조직하였고, 그 성경 공부반의 회원들은 러셀을 목사로 추대하였다.[5] 20세 때, 그는 당시 안식교의 지도자 J. H. 페인트의 저서를 탐독하다가 예수의 재림 시기에 관심이 끌렸고, 후일 자신과 동일한 생각과 신앙을 가진 사람들을 모아 성경연구 모임을 시작하였다.[6]

---

[4] 현대종교 편집국,『이단바로알기』(서울: 현대종교, 2015), 374.
[5] Josh McDowell & Don Stewart,『이단종파』, 63.
[6] 현대종교 편집국,『이단바로알기』, 374-375.

러셀은 1879년 「아침의 여명」이란 잡지를 출간했는데, 그 후 「파수대」로 변경하고 '시온의 소책자협회'라는 명칭으로 펜실베이니아 주에 단체를 등록하였다.

러셀의 가르침은 여호와의증인의 신학적인 기초가 되었다. 러셀은 1874년에 이미 예수 그리스도가 인간의 눈에 보이지 않게 재림했다고 주장했으며, 1914년 아마겟돈 전쟁이 일어나 세상의 정치 권력이 멸망하고 천년왕국의 시작이 있을 것이라고 하였다. 하지만 그 예언은 이루어지지 않았으며, 이로 인해 충격을 받고 1916년 10월 31일 캘리포니아에서 설교하고 집으로 돌아오다가 열차에서 사망하고 말았다.[7]

3. 한국 여호와의증인의 역사

여호와의증인이 한국에 유입된 지 107년이 되었다. 여호와의증인이라는 이름은 변경되지 않고 지금까지 사용되고 있다.[8] 여호와의증인은 1912년 R. R. 홀리스터 부부가 내한함으로써 한국에 진래되었다. 이 부부는 문서 포교운동을 했으며, 1914년 3월 내한한 홀리스터 부부와

---

[7] 현대종교 편집국, 『이단바로알기』, 375. 러셀 이후, 요셉 루터포스(Joseph F. Rutherford, 1869-1942)가 2대 교주로 여호와의증인이라는 이름이 이때 채택되었다. 루터포스는 여호와의증인 본부를 브루클린으로 옮겼을 뿐만 아니라 모든 정책 결정을 할 수 있는 권위를 가진 신정 정치적 통치를 지향하였다. 나단 노르(Nathan H. Knorr, 1905-1977)가 3대 교주로 1961년 노르의 지도하에 독자적으로 성경을 영어로 번역하고 『신세계역성경』이라고 불렀다. 프레드릭 프란츠(Fredrick W. Franz, 1893-1992)가 4대 교주로 노르의 방식대로 사업을 추진하였다. Josh McDowell & Don Stewart, 『이단종파』, 64.

[8] 현대종교 편집국, 『이단바로알기』, 402.

1915년 내한한 멕켄지 부부의 포교활동을 통해 본격화되었다.[9]

1914년에는 '한국성경연구원'이란 이름으로 문서 포교운동을 했고, 1923년 한국에 워치타워 인쇄공장을 설립하였다. 인쇄공장은 한 때 폐쇄되었으나 최규하 대통령 때 허가되어 지금까지 가동되고 있다.[10] 본부는 뉴욕의 브루클린에 있으며, 한국은 경기도 안성시 공도읍 양기리에 본부를 두고 있다.

여호와의증인의 건물에는 '왕국회관'이라는 간판이 걸려 있다. 다른 이단 종교처럼 교회라는 단어를 사용하지 않아 혼란스럽지 않다. 여호와의증인 왕국회관이라는 간판만 보더라도 전국에 1,500여 곳의 건물을 잘 분별할 수 있다.[11] 여호와의증인의 "2014 봉사연도보고"에 따르면, 한국의 여호와의증인 신도 수는 100,641명으로 집계되었다.[12]

---

[9] 현대종교, "단체정보", http://www.hdjongkyo.co.kr/main/sub/news_index_detail.html?section=42264&category=42265&num=29.

[10] 현대종교, "단체정보", http://www.hdjongkyo.co.kr/main/sub/news_index_detail.html?section=42264&category=42265&num=29.

[11] 현대종교 편집국, 『이단바로알기』, 402.

[12] 여호와의증인이 10만 명이 넘는 나라는 24개이다. 베네수엘라도 2007년에 10만 명을 달성하였다. 2014년 통계에 의하면, 전 세계에는 115,416개의 여호와의증인 회중이 있으며 8,201,545명의 전도인이 활동하고 있다. 여호와의증인 빛을 비추는 사람, "여러 나라에서 여호와의증인 신도 수가 10만 명을 돌파하다", http://cafe.daum.net/jehovaw/ohDF/54. 여호와의증인 왕국회관의 직제는 순회감독(회중을 순회하면서 감독업무를 수행함), 주임감독(교회의 종- 교회의 운영권자로 개신교의 목사에 해당 함), 부회중의 종(회중의 영적 복지를 위한 책임자)이 있다. 부문별로 다음과 같이 책임자가 있다. ① 성서연구의 종: 여호와의증인 신도들의 성서활동을 돕고 가정방문 포교의 재방문을 지도한다. ② 잡지 구역의 종: 잡지를 공급하고 봉사할 구역을 할당한다. ③ 서적의 종: 소책자와 신세계역 성경 및 전도지를 나누어주며 회중의 서적 보급의 상태를 점검한다. ④ 회계의 종: 자진적으로 내는 헌금을 관리한다. ⑤ 연구의 종: 매주 열리는 회중 연구에서 인도한다. 가장 중요한 직책이다. ⑥ 신권전도학교의 종: 교회의 주일학교 책임자와 같다. ⑦ 회중 서적의 종: 회중서적 연구를 주관하고 야외봉사(잡지판매)에서 인도한다.

4. 여호와의증인의 주장

여호와의증인은 러셀이 협회의 창시자였음을 시인하나 그의 신학과 가르침들로부터 거리를 두려고 하였다. 심지어 「깨어라」의 한 기사에서는 러셀의 권위를 인정하지 않고, 그의 저서를 출간하지도 않는다고 주장한다.

그리고 오늘날 여호와의증인은 기독교와 다른 모든 종교가 소멸될 운명에 처해 있다고 가르치면서 러셀의 신학을 여전히 토대로 삼아 그들에게만 진리가 있다고 주장한다.[13]

1) 여호와의증인은 성경을 부정한다

여호와의증인은 성경을 믿되 해석법에 있어서 필요한 성경구절만 뽑아 연결 지어 해석한다. 여호와의증인의 성경은 『신세계역 성경』이다.[14] 이것은 모순투성이로 번역되었는데 '성령'을 번역할 때 결코 대문자로 번역하지 않았다. 이러한 번역은 곧 성령의 신성을 부인하고 성령을 그리스도나 하나님과 동일하지 못한 존재로 비하하고 있다.[15]

여호와의증인은 창시자 러셀처럼 이성의 신봉자로 삼아 성경을 논리화하였다. 그들은 정통 기독교처럼 성경을 이해하기 위해 성경에 의존하는 것이 아니라 자신의 선입견으로 성경을 해석하기 때문에 러셀의 신학에 맞추어 말씀을 왜곡시켰다.[16]

---

[13] Fritz Ridenour, 『무엇이 다른가?』, 141.
[14] 대전광역시 기독교연합회 이단사이비대책위원회, 『우리시대의 이단들』, 95.
[15] 정윤석, 『평생 이단에 빠지지 않는 복된신앙』, 101.
[16] Fritz Ridenour, 『무엇이 다른가?』, 142.

그들은 자신들이 사용하고 있는 「파수대」라는 책자가 하나님이 땅에 있는 인간들에게 성경의 진리를 흘려보내기 위해 마련한 유일한 책이라고 주장한다. 사실 여호와의증인에게는 자신들의 책자가 성경보다 더 큰 권위를 가지고 있다.

성경은 온전한 하나님의 말씀이라고 하지만 실제로 그들의 간행물의 보조 자료로서 인용할 뿐이며, 성경만 공부해서는 하나님의 계획을 알 수 없다는 것이다.[17] 하지만 정통 기독교의 성경적인 주장은 성경을 하나님의 말씀으로 믿는다.[18]

2) 여호와의증인은 삼위일체를 부정한다

여호와의증인은 삼위일체를 하나님이 주신 지성과 이성을 모욕하는 것이라고 지적한다. 그리고 하나님은 어지러움의 하나님이 아니시므로 혼란스러운 교회를 만들지 않았다고 생각하며, 그러한 교리가 사탄의 작품이라고 한다.[19] 이처럼 여호와의증인은 삼위일체라는 단어가 성경에 없으므로 비성경적인 용어라고 주장한다. 이 주장은 한 분 안에 세 하나님이 계시다거나 하나님의 머리가 셋임을 가르친다고 해서 삼위일체를 곡해하고 있다.[20] 여호와의증인이 빌립보서 2:1-11에서 성부, 성자, 성령을 서열이라고 주장하는 것은 잘못 해석하고 있는 것이다.

그래서 그들은 집집마다 방문할 때 즐겨 던지는 질문이 '예수가 죽어 무덤에 있었던 사흘 동안 누가 우주를 운행했을까?'라는 것이다.

---

[17] 국제전도폭발 한국본부, 『국제전도폭발 V단계 훈련교재』, 123.
[18] 딤후 3:16 참고하라.
[19] James Bjornstad, *Counterfeits at Your Door* (Ventura: Regal Books, 1979), 78.
[20] Fritz Ridenour, 『무엇이 다른가?』, 142.

그들은 죽음의 개념이 곧 소멸이라고 생각하기 때문에 만일 예수가 하나님이시라면 하나님도 죽으셔야 했고, 따라서 우주를 주관할 자가 아무도 없었을 것이라는 논리를 펼치고 있다.[21] 이러한 유치한 질문으로 여호와의증인은 기독교에 대한 진리를 계속해서 왜곡시키고 있다.

하지만 정통 기독교의 성경적인 주장으로는, 하나님은 분명히 우주를 주관하셨을 뿐만 아니라 비록 예수님이 육체적으로는 죽으셨지만 계속 존재하고 계셨고, 참되신 하나님이 계속해서 우주를 다스리셨다.[22] 구약성경에 나타난 삼위일체는 창세기 1:26에서 "하나님이 이르시되 우리의 형상을 따라 우리의 모양대로 우리가 사람을 만들고 그들로 바다의 물고기와 하늘의 새와 가축과 온 땅과 땅에 기는 모든 것을 다스리게 하자 하시고"라고 암시하고 있다. 여기서 하나님은 자신을 복수형으로 말씀하신다. 믿음으로 고백하는 삼위일체는 하나님께서 하나의 본질에 세 위격으로 계시고 영원하고 개인적이며 영적인 존재이다.[23]

3) 여호와의증인은 예수 그리스도의 신성을 부정한다

삼위일체를 부정하는 여호와의증인이 예수 그리스도의 신성을 부정하는 것은 자유스러운 결과이다. 이러한 부정을 통해 여호와의증인은 예수 그리스도가 이 땅에 오시기 전에 천상에서 천사장 미가엘이었다고 말한다. 미가엘이 자신의 신적인 속성을 포기하고 생명력만을 가지고 왔다는 주장이다. 그래서 하나님은 미가엘의 생명력을 동정녀 마리

---

21 James Bjornstad, *Counterfeits at Your Door*, 80-81.
22 James Bjornstad, *Counterfeits at Your Door*, 81.
23 마 3:13-17; 28:19; 고후 13:14을 참고하라.

아의 태내에 넣었고, 예수님이 인간으로 태어날 수 있었다고 보았다.[24]

여호와의증인은 예수님에 대하여 지상에서 인간으로서 완전한 삶을 살았고, 십자가가 아닌 말뚝 위에서 죽은 후, 몸은 부활하지 못했고 영만 부활했으며, 육체의 모습으로 재림하지 않았다고 주장한다. 예수님은 1914년에 보이지 않는 영으로 재림하였으며, 이제 곧 그와 천사들은 여호와의증인을 제외한 모든 이들을 멸할 것이라고 주장하기도 한다.[25] 즉 예수 그리스도는 완벽한 인간이었을 뿐 그 이상은 아니었다는 것이다.

예수님은 십자가에서 죽임을 당한 후에 인성이 소멸하였으며, 불사의 영으로 다시 살아나 천상으로 돌아가 다시금 천사장 미가엘이 되었다는 것이다. 그들은 하나님의 아들 독생자 예수 그리스도를 왜곡하여 예수가 처음이자 하나님으로 말미암아 직접 피조된 존재라고 주장한다.[26]

다시 말해, 예수 그리스도는 하나님이 아니며, 하나님이 최초로 창조한 인간이므로 신성을 가지고 나지 않았다고 말한다.[27] 이렇게 성경을 왜곡함으로써 그들은 예수가 강한 신으로 지칭될 수는 있지만 전능하신 하나님은 아님을 입증하려고 한다.[28]

하지만 정통 기독교의 성경적인 주장은 전체적으로 통일성을 준다. 예수 그리스도는 삼위일체 가운데 하나이신 성자 하나님 자신이시다.[29]

---

24 Fritz Ridenour, 『무엇이 다른가?』, 143-144.
25 대전광역시 기독교연합회 이단사이비대책위원회, 『우리시대의 이단들』, 95.
26 Fritz Ridenour, 『무엇이 다른가?』, 144.
27 탁명환, 『통일교의 최근 동향과 여호와증인의 비판』, 91.
28 Fritz Ridenour, 『무엇이 다른가?』, 144.
29 요 1:1; 골 1:15-19; 2:9; 딤전 2:5; 요일 5:7-8을 참고하라.

4) 여호와의증인은 성령을 부정한다

얼토당토않은 여호와의증인의 삼위일체 논리는 성령이 하나님이 아니라고 주장한다. 그들은 성령을 비인격적인 영향력으로 여호와에게서 나온 보이지 않는 힘으로 보고 있다.[30] 다시 말해, 성령의 인격이나 신성을 모두 부정한다. 그들은 『신세계역 성경』 전체를 통하여 성령에 대하여 언급할 때마다 '영'(spirit)이란 단어를 대문자로 쓰지 않고 소문자를 씀으로써 성령의 독립적인 인격을 철저하게 부정하고 있다.[31]

하지만 정통 기독교의 성경적인 주장에 의하면, 성령은 삼위일체 가운데 하나이신 성령 하나님 자신이시다.

5) 여호와의증인은 예수 그리스도의 믿음을 통해 구원받는 것을 부정한다

구원에 대한 여호와의증인의 주장은 예수 그리스도의 십자가 공로에 근거하여 하나님께서 주시는 값없는 은혜가 아니다. 그들은 행위로 얻는 구원을 강조한다.[32] 그래서 여호와의증인은 자신의 구원을 부단히 확인하려고 한다.[33] 그들은 하나님의 섭리에 자기 자신을 바치는 헌신을 통해 영원한 생명을 보장받게 된다고 믿는다.[34] 그리고 여호와의증인은 세례를 받아야 구원을 받는다고 주장한다. 대부분 신도는 집집마다 포교를 통해 지상에서의 영원한 생명을 얻는다고 본다. 그들은 천국에서의 구원이 144,000명의 기름 부은 자들에게 국한되며, 그 인원의

---

30 대전광역시 기독교연합회 이단사이비대책위원회, 『우리시대의 이단들』, 95.
31 Josh McDowell & Don Stewart, 『이단종파』, 83-84.
32 Josh McDowell & Don Stewart, 『이단종파』, 84.
33 Fritz Ridenour, 『무엇이 다른가?』, 147.
34 Josh McDowell & Don Stewart, 『이단종파』, 84-85.

숫자는 수십 년 전에 이미 다 찼다고 말한다.[35]

현재 여호와의증인이 확보하려고 노력하는 것은 영생을 누릴 지상낙원이라고 한다. 그 대신에 그들은 그리스도와 기름 부음 받은 144,000명의 통치를 받을 것이며, 이 144,000명은 영원토록 천상에 거하며, 여호와의 영광스러운 신정의 공동 통치자요 공동 상속자로서 섬긴다는 것이다.[36] 여호와의증인에 의하면 1975년부터 2975년까지 천년왕국을 이루고 여호와의증인만 구원을 받는다고 주장한다.[37]

하지만 정통 기독교의 성경적인 주장에 따르면, 예수 그리스도를 믿는 모든 사람은 숫자에 제한받지 않고 구원을 얻고 천국에 간다.[38] 성경은 오직 믿음으로 말미암아 하나님의 은혜로 구원을 받는다고 가르치고 있다.[39] 그래서 에베소서 2:8-9에서 말씀하셨다.

> 너희는 그 은혜에 의하여 믿음으로 말미암아 구원을 받았으니 이것은 너희에게서 난 것이 아니요. 하나님의 선물이라 행위에서 난 것이 아니니 이는 누구든지 자랑하지 못하게 함이라(엡 2:8-9).

디도서 3:5-7에서도 말씀하셨다.

> 우리가 행한 바 의로운 행위로 말미암지 아니하고 오직 그의 긍휼하심을 따라 중생의 씻음과 성령의 새롭게 하심으로 하셨나니 우리 구주 예

---

[35] 대전광역시 기독교연합회 이단사이비대책위원회, 『우리시대의 이단들』, 95.
[36] Fritz Ridenour, 『무엇이 다른가?』, 147.
[37] 탁명환, 『통일교의 최근 동향과 여호와증인의 비판』, 92.
[38] 탁명환, 『통일교의 최근 동향과 여호와증인의 비판』, 92. 엡 2:8; 행 2:38; 3:19; 4:12을 참고하라.
[39] Josh McDowell & Don Stewart, 『이단종파』, 85.

수 그리스도로 말미암아 우리에게 그 성령을 풍성히 부어 주사 우리로 그의 은혜를 힘입어 의롭다 하심을 얻어 영생의 소망을 따라 상속자가 되게 하려 하심이라(딛 3:5-7).

따라서 인간은 그 어떠한 선한 행위로도 구원을 받을 수 없다는 사실은 명백한 것이다.

6) 여호와의증인은 영원한 형벌을 부정한다

여호와의증인은 영원한 형벌에 있어서 지옥이나 영원한 심판도 없다고 주장한다.[40] 그것은 인간이 죽으면 생리적이고 물리적인 것이므로 모두 끝이기 때문에 영혼도 소멸하고 끝난다고 한다. 단지 그들은 영이 사람에게 전기처럼 감정도 생명도 없는 일종의 비인격적인 힘이라고 말한다.

그래서 여호와의증인은 지옥이 존재하지 않는다고 단정을 짓는다.[41] 영원한 형벌의 존재에 대하여 가르치는 종교는 하나님께 불명예를 돌리는 죄악이라고 주장하고 있다. 이처럼 그들은 성경에 등장하는 지옥과 관련해서 자의적으로 해석할 뿐만 아니라 자신의 교리를 합리화시키고 있다.[42]

하지만 정통 기독교의 성경적인 주장에 의하면, 영원한 형벌은 죄에 대한 형벌이며 지옥은 존재한다고 본다.[43] 예수 그리스도는 세상의 죄를

---

40 탁명환, 『통일교의 최근 동향과 여호와증인의 비판』, 91.
41 현대종교 편집국, 『이단바로알기』, 381.
42 현대종교 편집국, 『이단바로알기』, 381.
43 탁명환, 『통일교의 최근 동향과 여호와증인의 비판』, 91. 마 5:22; 8:11-12; 13:42; 13:50; 22:13, 눅 13:24-28; 벧후 2:17; 유 1:13; 계 14:9-11을 참고하라.

친히 담당하셨고, 하나님의 값없이 주시는 은혜를 받게 될 모든 자에게 영생을 베풀어 주신다. 그러나 만일 사람들이 하나님의 은혜를 거부한다면 자신의 죄에 대한 대가로 영원한 형벌을 받는 것은 마땅한 일이다.[44]

5. 여호와의증인의 문제점

1) 여호와의증인은 병역의무를 거부한다

모세의 십계명에서 제6계명인 "살인하지 말라"를 근거로 여호와의증인은 병역을 기피할 뿐만 아니라 집총거부를 한다.[45] 그것은 현 정부의 권력을 사탄의 체제로 보기 때문에 자신들의 적이라고 생각하여 멸망할 정부를 위해 협조하거나 국기에 대하여 경례를 하거나 애국가를 부르거나, 병역의무를 수행하기를 거부하고, 공무원 취업도 하지 않고, 공공 선거에 참여하지 않고, 정치에도 참여하지 않는다.[46]

일례로, 제2차 세계대전 중 미국에서는 3,500명의 여호와의증인이 군 복무를 거절하여 투옥되었다. 1981년 5월, 미국 뉴욕 동부지역에서는 여호와의증인 2대 교주 루터포스 외에 그의 동료 7명이 병역기피 혐의로 체포되어 그해 6월 20일 재판에서 20년의 장기형에 처했졌다.[47]

한국의 경우, 인천지법 형사7단독 이학승 판사는 23일 병역법 위반 혐의로 기소된 A 씨(23)에게 징역 1년 6개월을 선고하였다. A 씨는

---

[44] Josh McDowell & Don Stewart, 『이단종파』, 85.
[45] 탁명환, 『통일교의 최근 동향과 여호와증인의 비판』, 94.
[46] 국제전도폭발 한국본부, 『국제전도폭발 V단계 훈련교재』, 124-125.
[47] 탁명환, 『통일교의 최근 동향과 여호와증인의 비판』, 94.

2016년 10월 22일 인천 연수구 자택에서 11월 14일까지 논산 육군훈련소로 입영하라는 현역입영통지서를 받고도 입영하지 않은 혐의로 재판에 넘겨졌다.

A 씨는 여호와의증인 신도로서 '전쟁과 폭력을 멀리하고 사랑을 나타내라'라는 성경의 가르침에 따라 종교적 양심을 주장하였다. 이 판사는 입영 거부에 정당한 사유가 있다고 볼 수 없다며 집행유예를 선고할 경우 피고인은 또다시 입영통지를 받게 되고 다시 처벌 대상이 되는 악순환이 반복될 수 있어 병역면제의 요건에 해당하는 실형을 선고한다고 하였다.[48]

2) 여호와의증인은 수혈을 거부한다

여호와의증인은 "피를 멀리하라"(행 15:20), '피를 먹지 말라'(레 17:14)는 성경 구절을 확대하여 해석한다. 그래서 신도들에게 죽어도 부활하기 때문에 수혈을 거부하라고 강요한다.[49] 환자가 수술할 때 출혈이 있으면 수혈을 해야 한다. 그렇지 않으면 혈액이 부족하여 생명이 위험하다. 여호와의증인들은 수혈하지 않아 죽음을 맞이하는 상황들이 지속해서 발생하고 있다.[50] 여호와의증인의 신자들이 수혈을 거부함에 따라 많은 피해를 주고 있다는 사례들이 보고되고 있다.

---

[48] 중부일보, "여호와의증인 신도 병역 거부자 징역형", http://www.joongboo.com/?mod=news&act=articleView&idxno=1147318.

[49] 국제전도폭발 한국본부, 『국제전도폭발 V단계 훈련교재』, 125.

[50] 현대종교 편집국, 『이단 바로 알기』, 384.

3) 여호와의증인은 가정의 윤리를 파괴한다

여호와의증인은 "사람의 원수가 자기 집안 식구리라"(마 10:36), "아버지나 어머니를 나보다 더 사랑하는 자는 내게 합당하지 아니하고"(마 10:37)라는 성경에 근거하여 가정의 윤리를 파괴하고 있다.[51]

4) 여호와의증인은 직업을 포기한다

여호와의증인은 사역에 방해가 되는 직업은 거절할 것을 강요하고 있다.[52]

5) 여호와의증인은 의무교육 거부와 학업을 포기한다

여호와의증인은 "누가 철학과 헛된 속임수로 너희를 사로잡을까 주의하라"(골 2:8)는 성경에 근거하여 의무교육과 학업을 거부할 것을 강요하고 있다.[53]

6) 여호와의증인은 결혼을 거부하고 포교의 도구로 사용한다

여호와의증인은 신도끼리만 결혼하도록 강요하고 있다. 그래서 그들은 노처녀가 많다.[54]

---

[51] 국제전도폭발 한국본부, 『국제전도폭발 V단계 훈련교재』, 125.
[52] 국제전도폭발 한국본부, 『국제전도폭발 V단계 훈련교재』, 125.
[53] 국제전도폭발 한국본부, 『국제전도폭발 V단계 훈련교재』, 125.
[54] 국제전도폭발 한국본부, 『국제전도폭발 V단계 훈련교재』, 125.

7) 여호와의증인은 십자가를 부정한다

여호와의증인은 십자가가 기독교인들의 모독을 상징한다고 말한다 (말 6:12; 히 12:2).[55]

6. 여호와의증인의 포교활동

1) 여호와의증인은 가가호호 방문과 길거리에서 포교한다

여호와의증인의 신도들은 두 명씩 짝을 이루어 집집마다 방문하여 포교활동을 한다. 그들은 길거리에서 「파수대」와 「깨어라」 등 홍보지를 나눠주며 접근을 시도한다. 특히 성경을 잘 모르는 정통 기독교 교인을 집중적으로 미혹하고 있다.
아마켓돈 전쟁과 관련된 질문으로 말세에 일어난 일들을 주장, 그리고 시한부 종말론의 사상을 주입해 위기의식을 갖도록 만든다.
그들은 가정방문뿐만 아니라 거리와 공원, 그리고 대중교통 등 수많은 곳에서 포교활동을 펼치고 있다.[56]

2) 여호와의증인은 간행물과 출판사를 통해 포교한다

여호와의증인은 「파수대」와 「깨어라」라는 잡지를 정기적으로 출판하고 팜플릿을 대량으로 생산하여 많은 사람에게 나눠주면서 포교활동

---

[55] 국제전도폭발 한국본부, 『국제전도폭발 V단계 훈련교재』, 125.
[56] 현대종교 편집국, 『이단바로알기』, 385.

을 한다. 자신들의 교리를 합리화하기 위한 『신세계역 성경』을 제작해서 배포하고, 9권의 교리 설명 책자를 출판하고 있다. 이처럼 여호와의증인들은 문서를 통해 대대적으로 포교활동을 전개하고 있다.[57]

3) 여호와의증인은 인터넷 사이트를 통해 포교한다

여호와의증인은 공식 웹사이트(jw.org)를 통해 407개의 언어로 지원하여 자신들의 교리를 체계화하여 알리고, 수혈 거부를 비롯한 자신들의 의학적 견해와 일상생활을 위한 방침을 제시하고 있다. 그리고 각종 출판물을 게재하여 구입을 유도하고 있으며, 더 나아가 성서 교육을 무료로 배포한다고 연락을 요구하기도 한다. 또한, 각종 인터넷 카페를 개설하여 회원 간 정보를 공유하며 여호와의증인의 교리를 옹호하고 내부 일치를 도모하고 있다.[58]

4) 여호와의증인은 윤선생 영어교실과 노개명 수학교실을 통해 포교한다

여호와의증인은 신도가 사업체 대표로 있는 윤선생 영어교실(대표자 윤균)과 최근 노개명 수학교실(대표 이응락)을 통해 포교활동을 하고 있다.

---

[57] 현대종교 편집국, 『이단바로알기』, 386.
[58] 현대종교 편집국, 『이단바로알기』, 386.

7. 나가는 말

결론적으로, 2019년은 이단 종교인 여호와의증인이 한국에 유입 된 지 벌써 107년이 되는 해이다. 말세에 관한 여호와의증인의 가르침이 성경에 나오지는 않지만 이로 인해 그들은 위축되지 않는다. 그들은 성경에 다 나온다고 믿는다. 왜냐하면 「파수대」가 그렇게 확신하기 때문이다. 집집마다 혹은 길거리에서 여호와의증인은 포교하면서 아마켓돈 전쟁의 위험을 경고하고, 성경교리들을 오로지 공박하는 과정에서 그들은 줄곧 성경을 곡해하였다.[59]

하나님께서 땅 위에 있는 인간들에게 성경의 진리를 흘려보내 주시기 위해 마련한 유일한 집합적 통로가 바로 여호와의증인이라고 말한다. 그러나 여호와의증인은 위와 같이 면밀히 조사한 바에 의하면, 거짓 예언과 반(反) 성경적 신학, 그리고 진리에 대한 허위 진술 등의 죄를 범하는 이단 종교인 것이다.[60]

앞으로도 여호와의증인이 안고 있는 문제점들은 계속해서 드러나게 될 것이며, 아울러 예수 그리스도는 인류의 이상이 되시는 완전한 분이시며, 디도서 2:13에서 언급한 대로 "복스러운 소망과 우리의 크신 하나님 구주 예수 그리스도"가 되신다는 사실이 드러날 것이다.

---

[59] Fritz Ridenour, 『무엇이 다른가?』, 148.
[60] Josh McDowell & Don Stewart, 『이단종파』, 84.

제6장

하나님의교회 세계복음선교협회

1. 들어가는 말

하나님의교회 세계복음선교협회는 기독교의 명칭을 쓰고 있어 정통 기독교로 인식되기 쉬운 위험한 이단 종교이다. 그들의 매우 왕성한 포교활동은 정통 기독교의 교인들을 미혹되게 한다. 정통 기독교의 입장에서 그들이 주장하고 있는 주요교리들을 분석해 보면 전혀 잘못된 비성경적인 신념을 분별할 수 있다.[1]

하지만 하나님의교회를 알지 못하는 일반인들 경우, 이단 종교를 열심히 사회봉사 활동을 하는 건강한 교회로 잘못 알고들 있다.[2] 이에 따라 정통 기독교의 피해 호소가 날이 갈수록 늘어가고 있는 실정이다.[3] 하나님의교회가 사회 문제로까지 대두 되면서 MBC의 "PD수첩"과

---

[1] 배본철, 『이단을 보는 눈』 (서울: 도서출판 영성네트워크, 2016), 295.
[2] 현대종교 편집국, 『이단바로알기』, 100.
[3] 2014년 9월 1일, 예장 통합 측 충성교회(윤여풍 목사)는 주요 교단이 이단으로 규정한 하나님의교회에 단독 낙찰되었다. 낙찰 금액은 감정 평가액의 절반을 웃도는 288억 원이다. 1,264평 대지에 지하 5층, 지상 7층, 연건평 8,000평에 달하는 예배당을 지었다. 본당 규모만 3,000석에 달한다. 「뉴스앤조이」, "판교 충성교회, 결국 이단 손으로", http://www.newsnjoy.or.kr/news/articleView.html?idxno=197981.

SBS의 "추적 사건과 사람들" 등의 TV프로에 방영되기까지 하였다.[4]

그럼에도 불구하고 하나님의교회는 신천지처럼 가정 불화 등의 반사회적인 문제들을 야기하기보다 사회봉사 활동과 같은 친 사회적인 활동을 통해 주변 사회의 인정을 받으며 꾸준히 교세를 확장해 나가고 있다. 사회봉사 활동을 한 후, 언론들에게 보도 자료를 보내 게재하도록 하고, 그리고 이들 기사들을 가지고 지방 자치 단체나 관할 경찰서를 찾아가서 표창을 요청한다. 이렇게 받은 상장들을 인터넷에 올리고, 자신들이 건전한 종교 단체라고 주장하며, 사람들을 미혹하는 전략을 펼치고 있다.[5]

안타깝게도 세상에서 빛과 소금의 역할을 충분히 감당해 내지 못하고 있는 한국교회를 대신하여 오히려 이단 종교는 국내외적으로 활발한 사회봉사 활동을 통해 그 영향력을 확장해 나가고 있는 것이 현실이다. 예전에 이단 종교는 노골적으로 교주를 신격화하고 가정을 파괴하는 등의 비상식적이고 반사회적인 문제들을 일으켰다.[6]

따라서 최근에 가장 두드러진 간접적이고 지능적인 교주의 신격화와 친 사회적인 사회봉사 활동을 통해 공신력을 얻어 가는 진화된 모습의 새로운 추세를 보여 주는 이단 종교인 하나님의교회 세계복음선교협회에 대하여 살펴보고자 한다.

---

[4] 진용식, 『하나님의교회 길자교 안상홍 증인회의 실체는?(증보판)』(서울: 백승, 2010), 6-7.
[5] 탁지일, 『이단』, 102-103.
[6] 탁지일, 『이단』, 103.

2. 하나님의교회 창시자 안상홍의 프로필과 역사

하나님의교회 창시자 안상홍(安商洪, 1918-1985)은 1918년 1월 13일 전북 장수군 개남면 명덕리에서 태어나 어린 시절 부산 해운대로 이사하여 성장하였다. 그는 1937년 일본에 건너갔다가 1946년 귀국하여, 1947년 7월 '제칠일안식일예수재림교회'에 입교하였다. 그는 안식교 교인으로 1953년 진리를 깨달았다며 재림의 날짜를 정하는 '시기파' 운동에 활동하였다.[7]

신도들이 하나님으로 믿고 있는 안상홍은 1962년 3월 17일 교단으로부터 출교되어 1962년 3월 24일 안상홍 외 23인이 안식교를 탈퇴하였다. 2년 후, 1964년 4월 28일 부산 해운대에서 '하나님의교회 예수증인회'를 창립하여 시작된 것이 오늘날 하나님의교회의 기원이다.[8]

하나님의교회 변천사로는 '하나님의교회 예수증인회' 창립 후, 포항을 비롯한 6곳에 지교회를 설립하고, 활동을 하다가 1985년 2월 25일 67세에 창시자 안상홍이 부산의 한 식당에서 식사 중 뇌졸증으로 사망하였다. 이에 추종자들은 같은 해 3월 22일 서울교회로 총회본부를 옮겨 동년 6월 22일 '하나님의교회 안상홍증인회'로 개칭하였다. 2000년대에 '하나님의교회 세계복음선교협회'로 그 명칭을 바꿔 장길자가 '하늘 어머니'로 활동하면서 본부를 성남시 분당 판교로 옮겼다.[9]

---

[7] 현대종교, "단체정보: 하나님의교회 세계복음선교협회", http://www.hdjongkyo.co.kr/main/sub/news_index_detail.html?section=42264&category=42265&-num=106.

[8] 현대종교 편집국, 『이단바로알기』, 101.

[9] 현대종교, "단체정보: 하나님의교회 세계복음선교협회", http://www.hdjongkyo.co.kr/main/sub/news_index_detail.html?section=42264&category=42265&-num=106.

현재는 새언약유월절 하나님의교회[10]와 하나님의교회 세계복음선교협회[11]로 나누어져 있다.

3. 하나님의교회의 주장

하나님의교회의 종말론은 이단 종교 가운데 하나인 제칠일안식일예수재림교회의 종말론에 기초하였다. 그래서 하나님의교회의 주장들을 구체적으로 살펴보면, 모두 시한부 종말론에 집착하고 있음을 볼 수 있다.

1) 하나님의교회는 안상홍을 하나님이라고 주장한다

하나님의교회는 성경에서 인류를 구원할 자가 바로 안상홍이라고 주장한다. 세상은 성경과 하나님을 모르기 때문에 마지막 하나님인 안상홍을 알아보지 못한다고 말한다. 그들은 예언서에 등장하는 이사야 46:11에서 '동방'은 대한민국이며, 그 모략을 이룰 자가 바로 '안상홍'이라고 해석한다. 아울러 그들은 요한계시록 16:12에서 나타나고 있는 요한이 밧모섬에서 동쪽 해 돋는 데서부터 인치는 작업하는데, 그 동쪽을 일직선으로 그으면 부산이 나온다고 주장하였다.[12]

하지만 정통 기독교의 성경적인 주장으로는, 이사야 45:1에서 동방의 모략을 이룰 자는 고레스 왕을 말하고 있으며, 동방은 팔레스타인과 아라비아 지역을 말하고 있는 것이지 한국이라고 주장하는 것은 근거

---

10 새언약유월절 대표자는 김주철이다.
11 하나님의교회 대표자는 장길자이다.
12 이단사이비대책위원회, 『이단사이비를 경계하라!』, 224.

없는 것이다.¹³

하나님의교회는 하나님의 새 이름을 안상홍이라고 말한다. 안상홍이라는 이름이 요한계시록 14:1-2에서 기록되어 있다고 주장한다.

> 또 내가 보니 보라 어린 양이 시온 산에 섰고 그와 함께 십사만 사천이 서 있는데 그들의 이마에는 어린 양의 이름과 그 아버지의 이름을 쓴 것이 있더라 내가 하늘에서 나는 소리를 들으니 많은 물 소리와도 같고 큰 우렛소리와도 같은데 내가 들은 소리는 거문고 타는 자들이 그 거문고를 타는 것 같더라(계14:1-2).

여기서 '거문고 타는 것 같더라'는 거문고 소리 '상'(商)을 의미하고, '많은 물소리 같고'는 큰물 '홍'(洪)을 뜻한다고 하여 안상홍(安商洪)이 하나님의 이름이라고 주장하는 것이다.¹⁴

그리고 요한복음 16장에서 예수님이 보혜사를 보내주시겠다고 했는데, 그 약속된 보혜사가 바로 안상홍이요, 성부 하나님의 이름이 여호와이고, 성자 하나님의 이름이 예수라면, 성령 하나님의 이름은 안상홍이라고 주장한다.¹⁵ 다시 말해, 안상홍은 육신을 입고 온 하나님이며, 보혜사 성령이며, 성경에서 예언된 재림주라고 주장하는 것이다.¹⁶

예를 들어, 예수님은 다윗의 위로 왔는데 다윗의 재위 기간은 40년이었고, 예수님은 공생애 3년 만에 돌아가셨으니 나머지 37년을 채워야 하는데, 안상홍은 30세에 안식교에서 침례를 받고 67세에 죽었으니

---

13 이단사이비대책위원회, 『이단사이비를 경계하라!』, 224.
14 현대종교 편집국, 『이단바로알기』, 103.
15 이단사이비대책위원회, 『이단사이비를 경계하라!』, 224-225.
16 안상홍, 『하나님의 비밀과 생수명수의 샘』 (안양: 멜기세덱 출판사, 1997), 190-201.

재림 예수가 확실하다는 주장이다.[17] 그래서 그들은 안상홍의 이름으로 기도하고 신도들은 그가 다시 강림할 것으로 믿고 있다.[18]

2) 하나님의교회는 장길자를 어머니 하나님이라고 주장한다

하나님의교회는 하나님의 신부요, '어머니 하나님'을 장길자로 보고 요한계시록 21:9에서 '어린양의 아내'이고, 요한계시록 22:17에서 '성령과 신부'에서 신부이며, 요한계시록 21장의 하늘에서 내려오는 '새 예루살렘'이라고 해석한다. 그래서 장길자는 갈라디아서 4:26에서 나오는 어머니 하나님이라고 주장하고 있다.[19]

장길자가 하나님이라고 주장하는 이유는 안상홍이 그녀를 하나님의 신부로 지명해 주었기 때문이라고 한다. 그들은 아담이 로마서 5:14에서 '오실 자의 표상'인데 아담도 아내가 있었던 것처럼 오실 메시아도 아내가 있어야 한다고 주장한 것이다.[20]

하나님이 아버지와 어머니가 있다는 주장은 성경을 왜곡한 것으로써 남성과 여성이라는 대립적 존재로 보는 입장은 다신 종교와 통일교에서 흔히 볼 수 있는 이단 종교의 신화사상이다.[21]

하지만 정통 기독교의 성경적인 주장으로는, 본질에 있어서 하나님은 절대자이시고, 유일하신 분으로서 하나님의교회의 어머니 하나님의 주장과는 전혀 다른 사상이다.

---

[17] 대전광역시 기독교연합회 이단사이비대책위원회, 『우리시대의 이단들』, 80.
[18] 정윤석, 『평생 이단에 빠지지 않는 복된신앙』, 93.
[19] 이단사이비대책위원회, 『이단사이비를 경계하라!』, 226.
[20] 이단사이비대책위원회, 『이단사이비를 경계하라!』, 226.
[21] 이단사이비대책위원회, 『이단사이비를 경계하라!』, 227.

3) 하나님의교회는 토요일을 안식일로 지켜야 구원을 받는다고 주장한다

하나님의교회는 안상홍이 안식교에서 안식일 교리를 배웠기 때문에 안식교에서 나온 뒤에도 안식교의 안식일을 주장하고 있다. 특히 안식일 교리를 주장하는 인용 성경 구절이 안식교와 동일한 것을 볼 수 있다. 안식일이 '영원한 표징'이라는 출애굽기 31:13과 에스겔 20:20을 근거로 제시하고 있다.[22] 그리고 예수님이 안식일에 자기의 규례대로 회당에 들어가셨다는 말은 누가복음 4:14와 사도행전 17:2를 근거로 삼고 있다.

인자는 '안식일의 주인'이기 때문에 안식일이 주일이라며 마태복음 12:8을 근거로 대는 등 안식일을 엄격히 지켜야 한다고 주장한다. 그들은 안식교의 주장처럼 AD 321년에 콘스탄틴 칙령에 의하여 안식일이 일요일로 바뀌었다고 주장하고 있으며, 가톨릭이 안식일을 주일로 바꾸었다는 교리문답을 인용한다.[23]

하지만 정통 기독교의 성경적인 주장으로는, 이러한 하나님의교회 해석은 한 마디로 자신들이 이단 종교 교리를 정당화하기 위한 잘못된 발상에서 나온 오류에 불과하다. 안식일의 준수는 요일이나 시간의 엄수가 중요한 것이 아니라 하나님 앞에서 성별 됨이 참 중심이며, 안식일의 주인이신 예수님의 안식일 해석법, 즉 예배형식보다 생명 구함이 우선이며, 하나님과 이웃 사랑의 정신이 중요하다. 그리고 골로새서 2:14-16[24]에서 바울의 해석법인 절기나 안식일로 인해 남을 판단하지

---

22 진용식, 『하나님의교회 길자교 안상홍 증인회의 실체는?(증보판)』, 10-11.
23 진용식, 『하나님의교회 길자교 안상홍 증인회의 실체는?(증보판)』, 11.
24 "우리를 거스르고 불리하게 하는 법조문으로 쓴 증서를 지우시고 제하여 버리사 십자가에 못 박으시고 통치자들과 권세들을 무력화하여 드러내어 구경거리로 삼으시고 십자가로 그들을 이기셨느니라 그러므로 먹고 마시는 것과 절기나 초하루나 안식일을 이유로 누구든지 너희를 비판하지 못하게 하라"(골 2:14-16).

말 것을 지키는 것이 성경적인 교훈에 일치한다.[25]

심지어 호세아 2:11[26]에서 안식일을 폐지한다는 언급이 등장한다. 또한, 교회사에서도 그 근거가 있어 사도행전 20:7[27]에서 이미 주의 사도들이 주일예배를 드렸다고 하였다. AD 70-80년경에「바나바 서신서」에서도 주일예배를 드렸다는 기록이 남아 있으며, AD 107년 베드로의 후계자인 안디옥 감독인 이그나티우스(Ignatius)의 서한에도 기록되어 있다.[28]

4) 하나님의교회는 유월절을 지켜야 구원을 받는다고 주장한다

하나님의교회는 정통 기독교 교인을 포교할 때 '혹시 구원받았는가?'를 물으며 접근하고, 대상자가 구원받았다고 말하면, '유월절을 지키고 있는가?'라고 다시 묻는다.[29] 그들은 구약의 절기를 지켜야 구원을 받는다고 주장한다.[30] 유월절은 영생의 길이며, 유월절을 통하여 구속하였고, 유월절을 통하여 죄 사함을 받는 것이라고 주장하고 있다.[31] 하나님의교회는 구원의 조건에 대하여 다음과 같이 말하였다.

> 유월절은 죽을 수밖에 없는 우리 인생에게 영원한 생명을 주기 위해 재정된 하나님의 계명이다. 예수님께서 영생을 얻으려면 유월절을 행

---

[25] 이단사이비대책위원회,『이단사이비를 경계하라!』, 228.
[26] "내가 그의 모든 희락과 절기와 월삭과 안식일과 모든 명절을 폐하겠고"(호 2:11).
[27] "그 주간의 첫날에 우리가 떡을 떼러 하여 모였더니 바울이 이튿날 떠나고자 하여 그들에게 강론할새 말을 밤중까지 계속하매"(행 20:7).
[28] 이단사이비대책위원회,『이단사이비를 경계하라!』, 228.
[29] 현대종교 편집국,『이단바로알기』, 103.
[30] 안상홍,『선악과와 복음』(안양: 멜기세덱 출판사, 1996), 54-58.
[31] 진용식,『하나님의교회 길자교 안상홍 증인회의 실체는?(증보판)』, 11.

하라고 가르쳐 주셨다.[32]

이처럼 하나님의교회는 유월절을 준수해야 구원 받을 수 있다고 주장한다.[33] 이것은 안식교의 영향을 받은 것으로 하나님의교회는 성탄절을 지키지 말아야 하며, 십자가는 우상이기 때문에 철거해야 하고, 유월절 뿐만 아니라 무교절, 칠칠절, 나팔절 등을 철저하게 지켜야 한다고 주장한다.[34]

하지만 이에 대한 정통 기독교의 성경적인 주장은 골로새서 2:14-16으로서, 유월절과 모든 절기가 폐했다고 하였다.

> 우리를 거스르고 불리하게 하는 법조문으로 쓴 증서를 지우시고 제하여 버리사 십자가에 못 박으시고 통치자들과 권세들을 무력화하여 드러내어 구경거리로 삼으시고 십자가로 그들을 이기셨느니라(골 2:14-16).

이러한 절기들을 지키라고 명령한 바도 없으며, 신약성경의 교회에서 유월절이나 절기를 지킨 근거도 없다.[35]

따라서 하나님의교회가 주장하는 유월절을 준수해야 구원을 받을

---

[32] 김주철, 『내양은 내 음성을 듣나니』(안양: 멜기세덱 출판사, 1998), 82.
[33] 안상홍은 안식교에서 안식일 교리를 배웠기 때문에 안식교에서 나온 뒤에도 안식교의 안식일을 주장하는 것이다. 그래서 안식일 교리를 주장하며 인용하는 성경구절이 안식교와 동일하다. 그리고 AD 321년에 콘스탄틴 황제에 의하여 안식일이 일요일로 바뀌었다는 주장과 가톨릭이 안식일을 주일로 바꾸었다는 가톨릭 교리 문답을 인용하는 것 또한 안식교에서 하는 그대로를 인용한 것이다. 그러나 정통 기독교는 안식일을 지키는 것이 아니라 예수님께서 부활하신 날인 안식 후 첫날 주일을 지키는 것이다. 배본철, 『이단을 보는 눈』, 297.
[34] 대전광역시 기독교연합회 이단사이비대책위원회, 『우리시대의 이단들』, 81.
[35] 배본철, 『이단을 보는 눈』, 298.

수 있다는 것은 비성경적이며, 신약성경 어디에도 유월절을 지킴으로 죄사함을 받은 기록은 전혀 없다. 오늘날 정통 기독교는 유월절이 아니라 부활절을 가장 중요한 절기로 지키고 있다.

5) 하나님의교회는 생명책이 자기들에게만 있다고 주장한다

하나님의교회는 요한계시록 13:8과 20:12에서 근거해 하늘에 생명책이 있는데, 그 생명책에 이름이 기록되어야만 구원받을 수 있으며, 그 생명책이 자기들에게만 있다고 한다. 결국, 하나님의교회에 등록을 해야만 생명책에 기록되고 구원을 받게 된다고 정통 기독교 교인들을 미혹하고 있다.[36]

최근에 천국 티켓을 판매하는 이단 종교가 있으며, 하나님의 인을 찍어 주는 이단 종교도 있다. 이 모든 것이 하나님의교회의 잘못된 생명책 교리가 불러온 폐해이다.[37] 하나님의교회는 자기들이 생명책을 만들어 사람들을 속이고 있으며, 이것을 정통 기독교에서 말하면 교적부 같은 것으로 생명책이라고 이름을 붙여 놓고 여기에 이름이 올라가야 구원을 받는다고 미혹하는 것이다.[38]

하지만 정통 기독교의 성경적인 주장으로는, 로마서 2:6-10[39]에서 구원은 하나님의 아들 예수 그리스도를 구주로 믿는 사람이 천국에 들

---

[36] 진용식, 『하나님의교회 길자교 안상홍 증인회의 실체는?(증보판)』, 12.
[37] 배본철, 『이단을 보는 눈』, 297.
[38] 진용식, 『하나님의교회 길자교 안상홍 증인회의 실체는?(증보판)』, 12.
[39] "하나님께서 각 사람에게 그 행한 대로 보응하시되 참고 선을 행하여 영광과 존귀와 썩지 아니함을 구하는 자에게는 영생으로 하시고 오직 당을 지어 진리를 따르지 아니하고 불의를 따르는 자에게는 진노와 분노로 하시리라 악을 행하는 각 사람의 영에는 환난과 곤고가 있으리니 먼저는 유대인에게요 그리고 헬라인에게며 선을 행하는 각 사람에게는 영광과 존귀와 평강이 있으리니 먼저는 유대인에게요 그리고 헬라인에게라"(롬 2:6-10).

어가서 영생을 누릴 것이며, 믿지 않고 악을 행하는 사람은 지옥에 들어가서 영벌을 받을 것은 분명히 확정된 것이다.[40]

6) 하나님의교회는 여자들은 머리에 수건을 쓰고 예배를 드려야 한다고 주장한다

하나님의교회는 고린도전서 11:2-15에서 성경 구절을 인용하여 예배 시에 여자들이 머리에 수건을 쓰고 예배[41] 드려야 하나님이 받는다고 주장한다.[42] 하지만 여자가 수건을 쓰는 이유는 남자에게 순종한다는 상징적인 의미로서 헬라의 풍습이었다. 이것은 고린도교회에서만 나온다. 따라서 고린도 지역의 부분적인 것을 전체 기독교로 확대하는 것은 큰 문제로 수건을 쓰는 것은 일종의 유전인 것이다(고전 11:2).[43]

이런 유전은 시대적 상황에 따라 바뀔 수 있다. 고린도전서 16:20에서 고린도교회에서는 만날 때마다 입맞춤으로 인사를 하는데 한국문화에서는 맞지 않아서 하지 않는다. 하나님의교회는 성경 본문의 배경이나 정황을 모르고 있다는 증거이다. 이런 모습들은 하나님의교회가 문자적으로 맹신하는 율법주의에 빠진 것으로 성경에 어두운 정통 기독교 교인들을 눈속임으로 미혹하고 있다.[44]

하지만 정통 기독교의 성경적인 주장으로는, 고린도전서 3:16과 갈

---

40 예성신학정립 편찬위원회, 『예성신학의 이해와 신조 해설』(서울: 예수교대한성결교회 총회, 2010), 156.
41 하나님의교회의 공식적인 예배는 토요일 오전 9시, 오후 2시, 저녁 7시 세 차례를 진행하며, 동절기에는 30분씩 늦춰진다. 삼일예배는 화요일 오전, 오후 두 번에 걸쳐 진행한다. 정통 기독교의 예배와 비슷하다.
42 「십사만 사천」, 1998년 9월호.
43 이단사이비대책위원회, 『이단사이비를 경계하라!』, 229.
44 이단사이비대책위원회, 『이단사이비를 경계하라!』, 229-230.

라디아서 2:16이 있는데, 구원은 율법적 행위에 있는 것이 아니라고 말씀한다.

> 그러나 언제든지 주께로 돌아가면 그 수건이 벗겨지리라(고전 3:16).

> 사람이 의롭게 되는 것은 율법의 행위로 말미암음이 아니요 오직 예수 그리스도를 믿음으로 말미암는 줄 알므로 우리도 그리스도 예수를 믿나니 이는 우리가 율법의 행위로서가 아니고 그리스도를 믿음으로서 의롭다 함을 얻으려 함이라 율법의 행위로써는 의롭다 함을 얻을 육체가 없느니라(갈 2:16).

사도행전 16:31에서 "이르되 주 예수를 믿으라 그리하면 너와 네 집이 구원을 받으리라"는 말씀을 볼 때, 구원은 예수 그리스도를 믿음으로 이루어지는 것이다.

7) 하나님의교회는 144,000명만 구원받는다고 주장한다

하나님의교회는 보혜사 성령으로 말미암아 온 안상홍 하나님 이름으로 144,000명[45]만 구원을 받는다고 주장한다.[46] 과거 하나님의교회는 1988년이 다 가기 전에 늦은 비 성령이 올 것이며, 144,000명의 인치는 역사가 끝나면 지구는 흔적도 없이 사라지고 안상홍의 인을 받

---

[45] 안상홍, 『선악과와 복음』, 54-58. 마지막 144,000명은 하늘 새 예루살렘 성전 건축 재료들이며, 그 수가 차면 하늘 새 예루살렘 성전이 완성된다고 강조한다(계 3:12; 7:1-8; 14:1; 19:7-8; 21:9-11).

[46] 대전광역시 기독교연합회 이단사이비대책위원회, 『우리시대의 이단들』, 81.

은 144,000명만 휴거되고 천국에 들어 갈 것이며, 구원받을 성도도 144,000명으로 국한될 것이라고 단호하게 잘라 말했던 적이 있었다.[47]

그러나 1988년 서울올림픽 때, 안상홍이 강림한다고 주장했다가 불발로 끝났다.[48] 2000년과 2012년에도 종말이 온다고 예고했던 하나님의교회는 2015년 11월 16일로 종말을 변경했으나 현재까지 아무런 답변이나 해명도 하지 않고 있다. 그들은 지구 종말을 주장하면서 지상의 건물교회에 대하여 아무리 훌륭하게 건설되었을지라도 종말에 가서는 다 불에 소멸한다고 말한다.[49]

이로 시한부 종말론으로 인해 실제로 믿은 신도들은 학업과 생업을 뒤로하고 물질적 헌신을 하기도 하였다. 아마도 종말이 올 조짐이 전혀 보이지 않았기 때문이다. 게다가 2012년 종말의 해에 하나님의교회는 대지 매입과 건축에 집중하였다. 2012년 한 해에는 무려 29개 지역에 대규모 건물을 마련하였다.[50] 의심할 여지 없이 하나님의교회 지도자들은 종말을 절대 믿지 않았던 것이 분명하다.[51] 하나님의교회의 비성경적인 종말론의 주장은 계속될 전망이다.

하지만 정통 기독교의 성경적인 주장으로는, 마가복음 13:32에서 종말의 때, 그날과 그때는 아무도 모르나니 하늘에 있는 천사들도 아들도 모르고 아버지만 아신다고 분명하게 증언한다.

144,000명이 실제로 구원받는 수라고 말하는 그들은 이미 250만 명

---

[47] 이단사이비대책위원회, 『이단사이비를 경계하라!』, 232.
[48] 정윤석, 『평생 이단에 빠지지 않는 복된신앙』, 94.
[49] 이단사이비대책위원회, 『이단사이비를 경계하라!』, 232-234.
[50] 29개 지역은 다음과 같다. 김해, 의정부 녹양, 인천 부개, 부천 소사, 영등포, 안산 제2단원, 용인 수지, 수원 팔달, 청원 내수, 상주, 순천, 정읍, 나주, 광주 방림, 서산, 서울 도봉, 서울 공항, 서울 용산, 서울상도, 서울 강남, 세종, 울산 매곡, 울산 온양, 충주 교현, 군포 금정, 안양 만안, 속초, 시흥 등이다.
[51] 탁지일, 『이단』, 105.

의 신도와 이미 종말이 가까이 다가왔으며 구원받지 못하고 넘쳐나는 신도 수를 보유하고 있음에도 불구하고 교회 건물을 매입하고 땅을 확보하며 계속해서 교세를 확장하고 있는 것은 큰 오류라고 할 수 있다.[52] 하나님의교회의 신도는 주로 30-40대가 많은 것으로 파악되고 있다.[53]

하지만 정통 기독교의 성경적인 주장으로는, 이런 비성경적인 구원론은 하나님의 형상을 닮은 영혼육으로 구성된 성경적 인간론에 기초한 것이 아니다. 다만 이것은 영지주의적인 이단 종교의 사상으로 보아야 한다. 이단 종교 사상은 인간의 기원을 영적인 존재로만 보고 천사의 세계에 속한다고 주장한다.[54] 디모데전서 4:7[55]에서 이러한 사상은 허탄한 신화에 속하는 것이다.

4. 하나님의교회 포교활동

1) 하나님의교회는 설문지를 통해 포교한다

정통 기독교의 명칭인 것처럼 위장한 하나님의교회는 2명씩 짝을 지어 집집마다 방문하거나 거리에서 설문지를 통한 설문 조사방법으로 포교활동을 한다. 그들은 '기독교 교리와 그 인지도에 대한 설문조사를 해 기독교의 참 진리를 교육하는 데 반영하고자 한다'며 접근 설문지를 내밀어 응답해 달라고 요구한다. 설문지의 내용을 살펴보면, '안

---

[52] 현대종교 2010년 12월호.
[53] 탁지일, 『이단』, 105.
[54] 이단사이비대책위원회, 『이단사이비를 경계하라!』, 233.
[55] 망령되고 허탄한 신화를 버리고 경건에 이르도록 네 자신을 연단하라(딤전 4:7).

식일', '크리스마스', '영혼', '구원' 등이 담겨 있으며, 조금이라도 관심을 가지며 성경 지식이 없다고 판단하면 그 사람을 집중적으로 포교하는 것이다.[56]

2) 하나님의교회는 문서와 동영상 유포를 통해 포교한다

멜기세덱 출판사는 정통 기독교 서적 출판사로 가장하여 하나님의교회 교리가 담긴 책들을 출판하고 있다. 월간 「십사만사천」과 『하나님의 비밀과 생명수의 샘』 등의 책이 출간되었다.[57] 그리고 어린이들을 대상으로 자신들의 교리를 쉽게 전할 수 있도록 만화책을 만들어 판매하고 있다.[58] 또한, 인터넷 포털사이트에 하나님의교회를 검색하면 하나님의교회와 관련된 수많은 동영상이 검색된다. 동영상은 쉽게 누구나 쉽게 볼 수 있도록 설정해 놓았다. 하나님의교회 신도들은 동영상과 관련해 긍정적인 리플을 달아 일반인들의 이목을 가리고 정통 기독교 교인들의 믿음을 혼란하게 하고 있는 것이다.[59]

3) 하나님의교회는 역사관을 통해 포교한다

경기도 성남시 분당구 수내동에 있는 하나님의교회 총회 본부는 건물 4층에 있으며, 2006년 4월 7일에 개관하였다. 하나님의교회 역사관은 천상관을 시작으로 구약관, 신약관, 종교암흑관, 하늘아버지관, 하

---

[56] 현대종교 편집국, 『이단바로알기』, 109.
[57] 대전광역시 기독교연합회 이단사이비대책위원회, 『우리시대의 이단들』, 81.
[58] 현대종교 편집국, 『이단바로알기』, 109.
[59] 현대종교 편집국, 『이단바로알기』, 109-110.

늘어머니관, 하나님의교회관, 미래관으로 이어지고 영상관과 휴게실까지 총 10개 관으로 구성되어 있다.[60]

역사관 안에는 66권의 성경 기록이 고스란히 담겨 있으며, 일명 '눈으로 보는 성경'이라고 홍보하고 있지만, 각각의 '관' 명칭만 봐도 역사관은 하나님의교회 교리가 그대로 스며들어 있다. 역사관 개관 후, 하나님의교회는 국내 주요 언론단체를 초청하여 기자간담회를 여는 등 홍보성 기사를 보도하고 있다.[61]

4) 하나님의교회는 메시아 오케스트라를 통해 포교한다

하나님의교회의 메시아 오케스트라는 연 30회가 넘는 연주 및 협연을 하는 등 왕성한 활동을 하고 있다. 또한, 심장병 어린이 및 결손가정 어린이 돕기 연주회를 하며 대외적인 이미지 부각에 열을 올리고 있다. 그러나 메시아 오케스트라는 "우리를 불쌍히 여기옵소서", "모략을 세우셨도다", "하늘 어머니를 찬양하라" 등의 자체 작곡한 노래를 선보이는 등 하나님의교회 교리를 암암리에 전파하고 있다.[62]

5) 하나님의교회는 샛별선교원을 통해 포교한다

하나님의교회 샛별선교원은 안상홍을 하나님으로 가르치고, 장길자를 하늘 어머니로 찬양하는 어린이 대상 전문교육 포교기관이다. 그들을 가르치는 "하나님의 은혜"의 곡과 가사이다.

---

60 현대종교 편집국, 『이단바로알기』, 110.
61 현대종교 편집국, 『이단바로알기』, 110.
62 현대종교 편집국, 『이단바로알기』, 110.

십자가 세우지 마세요. 일요일도 거짓말예요. 우리는 이 세상 교회 없는 어머니도 있죠. 우리의 구원자 안상홍님도 계신답니다. 안! 상! 홍! 님! 믿어야 하늘나라에 가죠.⁶³

이 선교원은 4세 미만 반, 4세 반, 5세 반, 6세 반, 7세 반으로 나누어져 있으며, 각 반별로 다양하고 체계적인 교육 프로그램을 진행하고 있어 대외적인 이미지는 여느 기독교 부설 어린이 교육기관과 비슷하게 보인다.⁶⁴

6) 하나님의교회는 활발한 사회봉사 활동을 통해 포교한다

2001년 이후, 하나님의교회는 자신들의 사회봉사 활동을 언제, 어디서, 어떻게 했는지 상세하게 홍보하고 있다. 하나님의교회는 대외적인 사회봉사 활동으로 대통령 표창을 비롯해 국무총리 표창, 시장 표창 등의 많은 수상 내역을 홈페이지에 공개하였다.⁶⁵ 요즘 하나님의교회 앞에는 이런 수상 배너들을 세워 놓고 홍보하고 있다. 몇몇 언론에서는 자신들의 사회봉사 활동을 지속해서 보도해 마치 한국교회를 대표한 사회에 귀감을 보여 주는 교회로 긍정적 이미지를 포장하고 있어 한국교회의 심각한 문제가 되고 있다.⁶⁶

예전에 하나님의교회는 대구 지하철 참사 현장에 자원봉사자들을 보내어 무료급식소를 운영하기도 하였다. 그리고 2002년 10월 26일

---

63 현대종교 편집국, 『이단바로알기』, 112.
64 현대종교 편집국, 『이단바로알기』, 112.
65 현대종교 편집국, 『이단바로알기』, 112.
66 현대종교 편집국, 『이단바로알기』, 112.

'장애를 극복하고 모든 인류의 화합을 이룩하자'라는 대명제 아래 거행된 '2002 부산 아시아경기대회와 부산 아태장애인경기대회'에도 하나님의교회는 새생명복지회, 국제대학생자원봉사연합회 등의 이름으로 사회봉사 활동을 통해서 자신의 실체를 드러내기도 하였다.

또한, 환경보호 운동에도 적극적으로 참여하여 '국제위러브유운동본부'가 건전한 사회단체인 것처럼 위장하고 있다.[67] 사회봉사 활동을 매개체로 청소년들과 젊은이들, 그리고 대학가에도 침투하여 주의가 요구된다.

5. 나가는 말

결론적으로, 현재 신천지예수교 증거장막성전이 가장 문제인 것으로 비춰지고 있지만, 사실 21세기 한국교회가 가장 경계할 대상은 하나님의교회라고 보아야 한다. 그것은 조직과 교세 면에서 신천지예수교 증거장막성전을 훨씬 더 능가하고 있기 때문이다. 특히 국내뿐만 아니라 국외의 영향력도 꾸준히 확장되고 있다. 한국교회의 선교가 취약한 동유럽, 아프리카, 남아메리카 등지에도 조직적으로 침투하고 있어 선교사들의 고민거리로 떠오르고 있다.[68]

그들은 하나님의교회를 비판하는 사람들에게 자신들이 받은 수 많은 표창장을 내놓으며 왜 자신들이 이단 종교냐고 반문한다. 하나님의교회

---

[67] 이단사이비대책위원회, 『이단사이비를 경계하라!』, 239. 하나님의교회 부설기관은 옥천고앤컴 연수원, 엘로힘 연수원, 총회신학원도 있다.
[68] 「신문고뉴스」, "다음 세대를 위한 한국교회 이단대처: 통합측 이대위 전문위원 탁지일 부산장신대 교수 강의", http://www.shinmoongo.net/sub_read.html?uid=23407.

신학원에서는 40학점의 이단학을 가르치고 있으며, 그중 20학점이 정통 기독교에 관한 것이다. 이제는 자신들이 이단 종교가 아니라 한국교회가 이단 종교라는 자신감 넘치는 주장을 하고 있다.[69]

한국교회는 하나님의교회를 성경 해석의 오류, 왜곡된 비성경적인 구원론, 안상홍과 장길자의 신격화 문제, 안식일과 유월절 주장 등의 교리적 탈선을 근거로 하여 이단 종교로 정죄하였다.[70] 그러나 전국 곳곳에 세워진 400여 교회를 통하여 하나님의교회 신도들이 적극적인 포교활동을 펼치고 있다.

한국교회가 교회 간, 교파 간 경쟁적 선교를 진행하는 동안, 하나님의교회는 조직력과 경제력을 앞세운 해외선교를 통해 150개 교회를 설립하여 효과적으로 침투하고 있다.[71] 오늘날 한국교회는 이단 종교인 하나님의교회를 주의할 뿐만 아니라 미리 미리 예방해야 할 것이다.

---

[69] 탁지일, 『이단』, 109.
[70] 배본철, 『이단을 보는 눈』, 297.
[71] 「신문고뉴스」, "다음 세대를 위한 한국교회 이단대처: 통합측 이대위 전문위원 탁지일 부산장신대 교수 강의", http://www.shinmoongo.net/sub_read.html?uid=23407.

제7장

세계평화통일가정연합

1. 들어가는 말

　통일교는 1954년에 '세계기독교통일신령협회'(世界基督敎統一神靈協會)를 설립하여 1994년에 공식명칭을 '세계평화통일가정연합'(世界平和統一家庭聯合)으로 바꿔 일명 통일교(統一敎)로 알려져 있다. 한국뿐만 아니라 세계적으로도 잘 알려진 이단 종교인 통일교는 합동결혼식 등을 통해 국내뿐만 아니라 해외 활동을 중단하지 않고 있으며, 종교의 범주를 벗어나 종파, 인종, 국가, 민족을 초월하는 가정연합의 시대를 열어간다며 '사회운동'을 표방하고 있다.[1]

　그러나 그들의 궁극적인 목적은 문선명과 한학자를 참 부모로 삼아 참 가정을 만든다고 말한다. 문선명은 공자, 석가, 예수까지도 자신의 부하라며 자신을 재림주로 구세주라고 주장하였다.[2]

　따라서 현재 거짓 선지자요, 성경의 복음적 진리를 왜곡하는 문선명이 사망했음에도 불구하고 지금도 영계와 육계를 오가며 자신들을 다스린다고 믿고 있는 통일교에 대해 구체적으로 살펴보도록 하자.

1　정윤석, 『평생 이단에 빠지지 않는 복된신앙』, 96.
2　정윤석, 『평생 이단에 빠지지 않는 복된신앙』, 96.

2. 통일교 창시자 문선명의 프로필과 역사

통일교 창시자 문선명(文鮮明, 1920-2012)은 본명이 문용명(文龍明)으로 1920년 1월 6일 평북 정주군 덕언면 상사리(문촌) 2221번지에서 부친 문경유와 모친 김경계 사이에서 차남으로 태어났다. 문선명이 15세 때 형과 둘째 누이의 정신 이상으로 온 가정이 기독교를 믿게 되었다.

문선명은 13세까지 한학을 공부하고, 1934년 15세에 이르러 평북 정주에 있는 오산 보통학교 3학년에 편입했다가 1935년 4월 정주공립심상소학교에 전학하여 1938년 졸업하고, 1941년 3월 22세 때 경성상공실무학교를 졸업한 후 일본 와세다대학교 부속 고등공업학교 전기과에 입학, 1943년 9월에 졸업하였다.[3]

해방 직전 1943년 말, 귀국한 그는 흑석동에 거주하면서 토목회사의 기사 생활을 하였고, 상도동에 새로운 집을 마련하면서 1945년 경기도 파주군 임진면 섭절리에 자리 잡고 있는 자칭 한국의 구세주라는 김백문의 이스라엘수도원에 약 6개월간 몸담으면서 『기독교 근본 원리』와 『성서신학』을 배웠다.

김백문은 그를 솔로몬 왕과 같은 사명 받은 사람이라는 계시를 받았다고 한다.[4] 이 때 문선명은 김백문의 저서 『기독교 근본 원리』를 복사하여 사실상 통일교의 창립을 준비했던 것으로 보인다.[5]

그는 1945년 4월 28일 최선길과 결혼하여 1946년 4월 2일 장남 문성진을 낳고, 1957년 1월 8일 최선길과 이혼하였고, 1960년 3월 1일

---

3 현대종교 편집국, 『이단바로알기』, 158.
4 탁명환, 『기독교이단연구』(서울: 국제종교문제연구소, 1989), 129
5 현대종교, "단체정보: 통일교", http://www.hdjongkyo.co.kr/main/sub/news_ index_detail.html?section=42264&category=42265&num=60.

추종 신도인 홍순애의 딸 당시 17세 한학자(1943-, 현재 공동 창시자, 세계평화통일가정연합 총재)와 재혼하였고, 2012년 9월 3일 사망하였다.

본격적인 통일교의 활동은 1954년 5월 1일 서울 성북구 북학동 391번지에 간판을 걸면서부터 '세계평화통일신령협회'라는 이름으로 활동하였고, 1995년에는 '세계평화통일가정연합', 2005년에는 '훈독교회', 2010년에는 '통일교', 문선명 사망 이후에는 다시 '세계평화통일가정연합'이라는 이름으로 창설하였다.[6]

이후 통일교는 '세계반공연맹'과 '국제승공연합'의 '청소년순결운동본부'를 조직하여 전국의 초, 중, 고등학교 학생들을 대상으로 순결운동을 활발하게 펼치고 있다.[7]

최근 통일교는 종교부문에 7남 문형진, 기업부문에 4남 문국진, NGO 분야에 3남 문현진을 배치하는 등 후계체계를 형성하였다. 2010년 2월에는 서울 용산 구민회관을 리모델링해 '통일교세계본부교회'를 열어 활동하고 있다.[8]

---

[6] 현대종교, "단체정보: 통일교", http://www.hdjongkyo.co.kr/main/sub/news_index_detail.html?section=42264&category=42265&num=60. 1954년 5월 1일, 세계기독교통일신령협회는 성화기독학생회를 조직하였다. 1957년 사상적 토대라고 할 수 있는 『원리해설』을 발간하고, 1960년 10월 14일 협회의 전국 조직을 만들었다. 이때, 전국 조직은 9개 지구, 72개 지역이었다. 1966년 1월 10일에는 '전국대학원리연구회'를 발족하였다. 1968년 박정희 정권이 국시를 '반공'으로 하자 '국제승공연합'을 창설하여 반공교육으로 입지를 강화하였고, 당시 정부의 적극적인 지원을 받아 군수산업 및 주요산업을 확장하는 계기로 삼았다. 1973년에는 교수조직인 '전국평화교수협의회'를 창립하였고, 1962년 예술단체인 리틀엔젤스를 창립하여 활성화하였다.

[7] 대전광역시 기독교연합회 이단사이비대책위원회, 『우리시대의 이단들』, 83.

[8] 현대종교, "단체정보: 통일교", http://www.hdjongkyo.co.kr/main/sub/news_index_detail.html?section=42264&category=42265&num=60.

3. 통일교의 주장

통일교가 주장하는 핵심교리는 문선명이 재림주요 하나님이라는 데 있다. 그 외에는 원리강론을 통해 모든 것을 혼합하여 해석하고 있어서 이해하려고 해도 이해가 잘 되지 않는다. 그들의 잘못된 교리들은 다음과 같다.

1) 통일교는 원리강론을 성경과 동일한 경전이라고 주장한다

『원리강론』[9]은 통일교의 핵심 교리서로 문선명이 계시받아 기록했다. 하지만 『원리강론』은 성경을 자의로 해석하는 잘못을 범하고 있다.[10] 그들은 성경을 구약, 신약, 성약(成約)으로 구분하여 성약이 『원리강론』이라 주장한다.[11]

그들은 성경 그 자체가 진리가 아니라 진리를 가르치는 교과서에 불과하다고 말한다.[12] 그래서 통일교의 『원리강론』은 성경을 새롭게 해석

---

[9] 1966년 5월 1일에 초판 된 『원리강론』은 '창조원리', '타락론', '인류 역사 종말론', '메시아의 강림과 그 재림의 목적', '부활론', '예정론', '기독론' 등 총 7장으로 구성되었다. 그리고 후편은 '복귀 기대 섭리 시대', '모세와 예수를 중심한 복귀 섭리', '섭리 역사의 각 시대와 그 연수의 형성', '섭리적 동시성으로 복귀 섭리 시대와 복귀 섭리 연장 시대', '메시아 재강림 준비 시대', '재림론' 등 총 6장으로 구성되었다. 세계기독교통일신령협회, 『원리강론』, 11-17.

[10] 대전광역시 기독교연합회 이단사이비대책위원회, 『우리시대의 이단들』, 83.

[11] 현대종교 편집국, 『이단바로알기』, 160. 통일교의 『원리강론』에서는 창 2:7의 선악과 사건에 대하여 말하기를, "해와는 사탄을 중심한 악의 사랑으로 악과를 따먹고 악의 피와 살을 받아 악의 활동을 번식하여 죄악의 사회를 이루었다. 따라서 해와가 선악과를 따먹었다고 하는 것은 그가 사탄을 중심한 사랑에 의하여 서로 혈연관계를 맺었다는 것을 뜻하는 것이다"라고 하였다. 세계기독교통일신령협회, 『원리강론』, 81-82.

[12] 세계기독교통일신령협회, 『원리강론』, 9.

한 것이라고 강조하고 있다.[13]

문선명의 『원리강론』은 한국 이단 종교 운동의 효시인 김백문의 저서 『기독교 근본 원리』에서부터 영향을 받았다. 이 책에서는 '창조원리', '타락원리', '복귀원리' 등 총 3편으로 구성되어 있으며, 『원리강론』과의 내용적 유사성은 문선명이 김백문으로부터 영향을 받았음을 의미한다.[14]

하지만 정통 기독교의 성경적인 주장으로는, 디모데후서 3:15-16[15]과 베드로전서 1:23,[16] 그리고 히브리서 4:12[17]에서 성경은 오직 성령의 감동에 따라 각 저자가 기록한 정확무오한 하나님의 계시 말씀으로 믿는 것이다.

2) 통일교는 문선명을 참 아버지라고 주장한다

통일교는 하나님을 2개의 성상인 남성과 여성의 중화적 존재로서 남성적 주체이며, 원래 하나님, 아담, 하와의 삼위일체였으나 하와의 타락으로 인해 하나님, 예수, 성령의 삼위일체가 되었다고 주장한다.[18]

따라서 그들은 성부와 성자의 동등성을 거부하고, 여호와 하나님은

---

13 세계기독교통일신령협회, 『원리강론』, 364.
14 탁지일, 『이단』, 66.
15 "또 어려서부터 성경을 알았나니 성경은 능히 너로 하여금 그리스도 예수 안에 있는 믿음으로 말미암아 구원에 이르는 지혜가 있게 하느니라 모든 성경은 하나님의 감동으로 된 것으로 교훈과 책망과 바르게 함과 의로 교육하기에 유익하니"(딤후 3:15-16).
16 "너희가 거듭난 것은 썩어질 씨로 된 것이 아니요 썩지 아니할 씨로 된 것이니 살아 있고 항상 있는 하나님의 말씀으로 되었느니라"(벧전 1:23).
17 "하나님의 말씀은 살아 있고 활력이 있어 좌우에 날선 어떤 검보다도 예리하여 혼과 영과 및 관절과 골수를 찔러 쪼개기까지 하며 또 마음의 생각과 뜻을 판단하나니"(히 4:12).
18 세계기독교통일신령협회, 『원리강론』, 269, 222-226.

창조 이상을 달성하지 못한 실패자요, 복귀역사를 이루는 문선명이 재창조주라는 것이다.[19] 결국, 문선명은 자신을 '참 아버지'요, 부인 한학자는 '참 어머니'요, 곧 '참 부모'라고 주장하여 신격화하고 있다.[20]

하지만 정통 기독교의 성경적인 주장으로는, 출애굽기 3:14[21]에서 하나님은 피조물이 아닌 스스로 계신 분이시다. 이사야 44:6[22]에서 하나님은 유일하신 인격적인 신이시다. 마태복음 28:19에서 하나님은 성부 성자 성령의 삼위일체이시다. 디모데전서 6:15-16[23]에서 하나님은 전지전능, 무소부재, 영원불변의 절대적인 분이시다. 요한복음 4:24[24]에서 하나님은 영이신 것이다.

3) 통일교는 문선명을 재림 예수라고 주장한다

통일교의 문선명은 동방 재림주요, 재림 예수라고 주장하고 있다.[25] 초림 예수가 지상천국 건설에 실패했기 때문에 말세에는 재림 예수가 그 일을 완성할 것이라고 말한다. 여기서 말세란 사탄이 주장하는 죄악세계가 하나님이 주관하는 지상천국으로 바뀌는 시대를 말한다. 다시

---

19 세계기독교통일신령협회, 『원리강론』, 269.
20 이단사이비대책위원회, 『이단사이비를 경계하라!』, 283.
21 "하나님이 모세에게 이르시되 나는 스스로 있는 자이니라 또 이르시되 너는 이스라엘 자손에게 이같이 이르기를 스스로 있는 자가 나를 너희에게 보내셨다 하라" (출 3:14).
22 "이스라엘의 왕인 여호와, 이스라엘의 구원자인 만군의 여호와가 이같이 말하노라 나는 처음이요 나는 마지막이라 나 외에 다른 신이 없느니라"(사 44:6).
23 "기약이 이르면 하나님이 그의 나타나심을 보이시리니 하나님은 복되시고 유일하신 주권자이시며 만왕의 왕이시며 만주의 주시오"(딤전 6:15-16).
24 "하나님은 영이시니 예배하는 자가 영과 진리로 예배할지니라"(요 4:24).
25 대전광역시 기독교연합회 이단사이비대책위원회, 『우리시대의 이단들』, 83.

말해, 지상지옥이 지상천국으로 바뀌는 때가 이른다는 것이다.[26]

이처럼 통일교의 재림론은 예수의 십자가를 실패로 보는 데서부터 출발한다.[27] 그들은 예수의 신성을 부정하기 때문에 예수의 구원은 십자가를 통해서 영적인 면에서만 완성되었지 육적인 면에서는 실패했다고 말한다.[28] 그래서 통일교의 메시아는 재림주가 나타나 이 지상에서 육신을 입고 태어나서 살게 되고, 예수님의 재림이 한국에서 이루어진다는 것이다.[29]

하지만 정통 기독교의 성경적인 주장으로는, 빌립보서 2:6-11[30]에서 예수님은 하나님과 같은 분이시다. 요한복음 1:14[31]에서 예수님은 인간의 몸을 입고 오신 분이시다. 요한복음 4:25-26[32]과 갈라디아서 4:4[33]에서 예수님은 인류의 구원을 위한 그리스도로서 참 하나님이시며, 참 인

---

26 한국군선교연구소, 『우리가 알아야 할 이단』 (서울: 한국군종목사단·한 국기독교군선교연합회, 2016), 89. "그러므로 너희는 가서 모든 민족을 제자로 삼아 아버지와 아들과 성령의 이름으로 세례를 베풀고"(마 28:19).
27 한국군선교연구소, 『우리가 알아야 할 이단』, 89.
28 현대종교 편집국, 『이단바로알기』, 161.
29 한국군선교연구소, 『우리가 알아야 할 이단』, 89.
30 "그는 근본 하나님의 본체시나 하나님과 동등됨을 취할 것으로 여기지 아니하시고 오히려 자기를 비워 종의 형체를 가지사 사람들과 같이 되셨고 사람의 모양으로 나타나사 자기를 낮추시고 죽기까지 복종하셨으니 곧 십자가에 죽으심이라 이러므로 하나님이 그를 지극히 높여 모든 이름 위에 뛰어난 이름을 주사 하늘에 있는 자들과 땅에 있는 자들과 땅 아래에 있는 자들로 모든 무릎을 예수의 이름에 꿇게 하시고 모든 입으로 예수 그리스도를 주라 시인하여 하나님 아버지께 영광을 돌리게 하셨느니라"(빌 2:6-11).
31 "말씀이 육신이 되어 우리 가운데 거하시매 우리가 그의 영광을 보니 아버지의 독생자의 영광이요 은혜와 진리가 충만하더라"(요 1:14).
32 "여자가 이르되 메시야 곧 그리스도라 하는 이가 오실 줄을 내가 아노니 그가 오시면 모든 것을 우리에게 알려 주시리이다 예수께서 이르시되 네게 말하는 내가 그라 하시니라"(요 4:25-26).
33 "때가 차매 하나님이 그 아들을 보내사 여자에게서 나게 하시고 율법 아래에 나게 하신 것은"(갈 4:4).

간이시다. 그리고 요한복음 3:16[34]과 사도행전 4:12[35]에 의하면, 예수님을 통해서만 구원을 받을 수 있다.

4) 통일교는 성령을 예수의 신부로 오신 참 어머니라고 주장한다

통일교에서 성령은 아담과 하와가 선의 자녀를 낳을 수 없게 되어 초림하신 참 아버지인 예수의 신부로 오신 분으로서 인류의 참 어머니이다. 그래서 재림 예수인 문선명의 부인 한학자가 참 어머니요, 우주의 어머니이며, 그녀가 낳은 두 아이 딸 예진과 아들 효진은 최초의 죄 없는 자녀들이라고 주장한다.[36]

하지만 정통 기독교의 성경적인 주장으로는, 에베소서 4:30[37]과 로마서 8:9[38]에서 성령은 하나님의 영이시다. 사도행전 16:7[39]과 로마서 8:9에서 성령은 그리스도의 영이시다. 요한복음 14:16[40]에서 성령은 보혜사이시다. 마태복음 28:19[41]에서 성령은 삼위일체 하나님의 제3위이시다.

---

[34] "하나님이 세상을 이처럼 사랑하사 독생자를 주셨으니 이는 그를 믿는 자마다 멸망하지 않고 영생을 얻게 하려 하심이라"(요 3:16).
[35] "다른 이로써는 구원을 받을 수 없나니 천하 사람 중에 구원을 받을 만한 다른 이름을 우리에게 주신 일이 없음이라 하였더라"(행 4:12).
[36] 이단사이비대책위원회, 『이단사이비를 경계하라!』, 284.
[37] "하나님의 성령을 근심하게 하지 말라 그 안에서 너희가 구원의 날까지 인치심을 받았느니라"(엡 4:30).
[38] "만일 너희 속에 하나님의 영이 거하시면 너희가 육신에 있지 아니하고 영에 있나니 누구든지 그리스도의 영이 없으면 그리스도의 사람이 아니라"(롬 8:9).
[39] "무시아 앞에 이르러 비두니아로 가고자 애쓰되 예수의 영이 허락하지 아니하시는지라"(행 16:7).
[40] "예수께서 이르시되 내가 곧 길이요 진리요 생명이니 나로 말미암지 않고는 아버지께로 올 자가 없느니라"(요 14:16).
[41] "그러므로 너희는 가서 모든 민족을 제자로 삼아 아버지와 아들과 성령의 이름으로 세례를 베풀고"(마 28:19).

5) 통일교는 문선명과 한학자의 혈통을 통해 구원을 이룰 수 있다고 주장한다

통일교는 타락이란 타락한 천사인 뱀과 하와가 성적인 관계를 맺은 결과라고 말한다.[42] 타락한 하와와 동침한 아담과 그의 후손들의 피가 더러워졌다고 가르친다.[43]

이처럼 사탄의 혈통을 받은 인류는 새로운 부모 문선명과 한학자의 혈통을 통하지 않고는 절대로 구원섭리가 이루어질 수 없다고 강조한다.[44]

그들의 진정한 구원은 타락 이전으로 복귀하는 것을 의미한다. 그 방법은 타락된 경로를 거슬러 가야 한다고 가르친다. 이것은 탕감복귀 원리로 인간이 죄에서 벗어날 수 있는 길은 인간과 하나님 양쪽의 협력으로만 가능하다는 것이다.[45] 그래서 하나님의 자녀들은 자기 죄에 대한 빚을 갚아야 한다고 강조한다. 즉 행위에 의한 구원은 금식, 기금 조성, 새 신도의 모집 등을 통해서 배상해야 한다는 것이다. 아울러 재림 예수의 선한 피를 받아야 한다고 강조한다.[46]

이것은 탕감복귀의 영도자론으로 탕감복귀의 섭리를 이룰 마지막 재림 예수는 인간 지도자이어야만 한다는 것이다. 재림 예수는 한 남성으로 한국 땅에 태어나 한 여자를 찾아, 하와와 뱀이 만들어낸 사악한 육적 관계를 씻어낼 수 있는 사랑, 즉 성관계를 통하여 참 자녀를 낳아야 한다는 것이다.

이 메시아는 3, 12, 70, 120 자녀의 축복 순으로 추악한 성관계를 씻어

---

42 세계기독교통일신령협회,『원리강론』, 77.
43 세계기독교통일신령협회,『원리강론』, 77-80.
44 성화 1968년 7월호.
45 이단사이비대책위원회,『이단사이비를 경계하라!』, 285.
46 신사훈,『통일교의 정체와 그 대책』(서울: 새싹교회출판부, 1988), 8.

주고, 사탄의 피를 몰아내어 온 인류의 참부모가 된다고 한다. 통일교가 주장하는 재림 예수는 한국을 중심으로 하여 하늘나라의 왕권을 세우고 만국의 통일을 이루어 세계 인류의 왕이 되며, 영원한 지상천국을 건설한다고 한다.[47]

하지만 정통 기독교의 성경적인 주장으로는, 마태복음 1:21[48]에서 예수님의 오신 목적은 인류를 죄에서 구원하는 것이다. 마가복음 10:45[49]에서 구원은 십자가에서 자기 목숨을 대속물로 내어주는 것이다. 요한복음 19:30[50]과 베드로전서 2:24-25[51]에서 구원은 오신 것을 완전히 이루는 것이다. 요한복음 3:16[52]과 로마서 1:16[53]과 1:9-10[54]에서 구원은 회개하여 그를 믿는 자에게 임한다는 것이다. 요한복음 1:12[55]에서의

---

[47] 현대종교, "단체정보: 통일교", http://www.hdjongkyo.co.kr/main/sub/news_index_detail.html?section=42264&category=42265&num=60.
[48] "아들을 낳으리니 이름을 예수라 하라 이는 그가 자기 백성을 그들의 죄에서 구원할 자이심이라 하니라"(마 1:21).
[49] "인자가 온 것은 섬김을 받으려 함이 아니라 도리어 섬기려 하고 자기 목숨을 많은 사람의 대속물로 주려 함이니라"(막 10:45).
[50] "예수께서 신 포도주를 받으신 후에 이르시되 다 이루었다 하시고 머리를 숙이니 영혼이 떠나가시니라"(요 19:30).
[51] "친히 나무에 달려 그 몸으로 우리 죄를 담당하셨으니 이는 우리로 죄에 대하여 죽고 의에 대하여 살게 하려 하심이라 그가 채찍에 맞음으로 너희는 나음을 얻었나니 너희가 전에는 양과 같이 길을 잃었더니 이제는 너희 영혼의 목자와 감독 되신 이에게 돌아왔느니라"(벧전 2:24-25).
[52] "하나님이 세상을 이처럼 사랑하사 독생자를 주셨으니 이는 그를 믿는 자마다 멸망하지 않고 영생을 얻게 하려 하심이라"(요 3:16).
[53] "내가 복음을 부끄러워하지 아니하노니 이 복음은 모든 믿는 자에게 구원을 주시는 하나님의 능력이 됨이라 먼저는 유대인에게요 그리고 헬라인에게로다"(롬 1:16).
[54] "내가 그의 아들의 복음 안에서 내 심령으로 섬기는 하나님이 나의 증인이 되시거니와 항상 내 기도에 쉬지 않고 너희를 말하며 어떻게 하든지 이제 하나님의 뜻 안에서 너희에게로 나아갈 좋은 길 얻기를 구하노라"(롬 1:9-10).
[55] "영접하는 자 곧 그 이름을 믿는 자들에게는 하나님의 자녀가 되는 권세를 주셨으니"(요 1:12).

구원은 그를 영접하면 하나님의 자녀가 된다는 것이다.

6) 통일교는 문선명이 다시 재림한다고 주장한다

통일교는 재림주 문선명이 육신적인 구원의 완성을 위해 다시 육신으로 재림하여 한국에 온다고 주장한다. 그리고 종말은 세상 끝이 아니라 심판이 없어 세상에서의 지상천국이 완성됨을 의미한다고 말한다.[56]

하지만 정통 기독교의 성경적인 주장으로는, 데살로니가후서 1:8-9[57]에서 부활하신 예수님은 여러 증인이 보는 가운데 하늘의 보좌 우편으로 올라가 계시고 심판하신다. 그리고 마태복음 24:30[58]과 사도행전 1:11,[59] 그리고 요한계시록 1:7[60]에서 예수님은 다시 오신다고 약속하셨다.

또한, 데살로니가전서 4:16[61]과 데살로니가후서 1:7[62]에서 그날이 이르기 전에 징조가 있고 예수님은 공중 재림하신다.

---

[56] 이단사이비대책위원회, 『이단사이비를 경계하라!』, 287.
[57] "하나님을 모르는 자들과 우리 주 예수의 복음에 복종하지 않는 자들에게 형벌을 내리시리니 이런 자들은 주의 얼굴과 그의 힘의 영광을 떠나 영원한 멸망의 형벌을 받으리로다"(살전 1:8-9).
[58] "그때 인자의 징조가 하늘에서 보이겠고 그때 땅의 모든 족속이 통곡하며 그들이 인자가 구름을 타고 능력과 큰 영광으로 오는 것을 보리라"(마 24:30).
[59] "이르되 갈릴리 사람들아 어찌하여 서서 하늘을 쳐다보느냐 너희 가운데서 하늘로 올려지신 이 예수는 하늘로 가심을 본 그대로 오시리라 하였느니라"(행 1:11).
[60] "볼지어다 그가 구름을 타고 오시리라 각 사람의 눈이 그를 보겠고 그를 찌른 자들도 볼 것이요 땅에 있는 모든 족속이 그로 말미암아 애곡하리니 그러하리라 아멘"(계 1:7).
[61] "주께서 호령과 천사장의 소리와 하나님의 나팔 소리로 친히 하늘로부터 강림하시리니 그리스도 안에서 죽은 자들이 먼저 일어나고"(살전 4:16).
[62] "환난을 받는 너희에게는 우리와 함께 안식으로 갚으시는 것이 하나님의 공의시니 주 예수께서 자기의 능력의 천사들과 함께 하늘로부터 불꽃 가운데 나타나실 때에"(살후 1:7).

스가랴 14:4[63]와 마태복음 24:30[64]에서 예수님은 지상에 재림하신다. 요한계시록 20:1-6[65]에서 예수님은 천년왕국을 이루신다. 요한계시록 20:11-15[66]에서 예수님은 백 보좌 심판을 하신다. 요한계시록 21:2-22와 22:5[67]에서 이후 예수님은 새 하늘과 새 땅을 이루신다고 가르친다.[68]

---

[63] "그 날에 그의 발이 예루살렘 앞 곧 동쪽 감람산에 서실 것이요 감람산은 그 한 가운데가 동서로 갈라져 매우 큰 골짜기가 되어서 산 절반은 북으로 절반은 남으로 옮기고"(슥 14:4).

[64] "그 때에 인자의 징조가 하늘에서 보이겠고 그 때에 땅의 모든 족속들이 통곡하며 그들이 인자가 구름을 타고 능력과 큰 영광으로 오는 것을 보리라"(마 24:30).

[65] "또 내가 보매 천사가 무저갱의 열쇠와 큰 쇠사슬을 그의 손에 가지고 하늘로부터 내려와서 용을 잡으니 곧 옛 뱀이요 마귀요 사탄이라 잡아서 천 년 동안 결박하여 무저갱에 던져 넣어 잠그고 그 위에 인봉하여 천 년이 차도록 다시는 만국을 미혹하지 못하게 하였는데 그 후에는 반드시 잠깐 놓이리라 또 내가 보좌들을 보니 거기에 앉은 자들이 있어 심판하는 권세를 받았더라 또 내가 보니 예수를 증언함과 하나님의 말씀 때문에 목 베임을 당한 자들의 영혼들과 또 짐승과 그의 우상에게 경배하지 아니하고 그들의 이마와 손에 그의 표를 받지 아니한 자들이 살아서 그리스도와 더불어 천 년 동안 왕 노릇 하니 (그 나머지 죽은 자들은 그 천 년이 차기까지 살지 못하더라) 이는 첫째 부활이라 이 첫째 부활에 참여하는 자들은 복이 있고 거룩하도다 둘째 사망이 그들을 다스리는 권세가 없고 도리어 그들이 하나님과 그리스도의 제사장이 되어 천 년 동안 그리스도와 더불어 왕 노릇 하리라"(계 20:1-6).

[66] "또 내가 크고 흰 보좌와 그 위에 앉으신 이를 보니 땅과 하늘이 그 앞에서 피하여 간 데 없더라 또 내가 보니 죽은 자들이 큰 자나 작은 자나 그 보좌 앞에 서 있는데 책들이 펴 있고 또 다른 책이 펴졌으니 곧 생명책이라 죽은 자들이 자기 행위를 따라 책들에 기록된 대로 심판을 받으니 바다가 그 가운데에서 죽은 자들을 내주고 또 사망과 음부도 그 가운데에서 죽은 자들을 내주매 각 사람이 자기의 행위대로 심판을 받고 사망과 음부도 불 못에 던져지니 이것이 둘째 사망 곧 불못이라 누구든지 생명책에 기록되지 못한 자는 불못에 던져지더라"(계 20:11-15).

[67] "다시 밤이 없겠고 등불과 햇빛이 쓸 데 없으니 이는 주 하나님이 그들에게 비치심이라 그들이 세세토록 왕 노릇 하리로다"(계 22:5).

[68] 이단사이비대책위원회, 『이단사이비를 경계하라!』, 287-288.

4. 통일교의 포교활동

1) 통일교는 교육기관을 통해 포교한다

통일교는 다음과 같은 교육기관을 통해 포교하는데, 선화예술중고등학교, 선화유치원, 청심국제중고등학교, 선화음악영재아카데미, 선문대학교, 선문학원, 선정중고등학교, 선정관광고등학교, 향토학교, 경복초등학교, 미국 브리지포트대학교(Bridgeport University), 통일신학교(UTS), 성화신학교, 선학UP대학원대학교(전 청심신학대학원대학교), 청심학원, 청심ACG영어캠프, 청심유치원, 청심어린이집, 청심어학원, 줄리아발레아카데미(서초, 송파, 강남, 분당 수내), 워싱턴 키로프발레아카데미, 통일사상연구원, 월드카프(구 세계대학원리연구회), 전국대학원리연구회, 세계평화교수협의회, 국제기독학생연합회, 세계평화기술연구소, 남북통일문제연구소, 한국뉴세라믹연구소, 국제교육재단 등이 있다.

2) 통일교는 기업체를 통해 포교한다

통일교는 다음과 같은 기업체를 통해 포교하는데, 일상해양산업, 일홍조선, 일신석재, 선원건설, 일화, (주)통일(자동차부품, 기계류), 한국와콤전자(유통업), 순전단홈(정동원), 진화인쇄(인쇄업), (주)일신석재(시공), 금강산국제그룹(금강산국제무역개발, 금강산국제관광, 금강산개발, 주일고려무역, 고려상업은행), (주)정진화학(금속표면처리), 일원보석공예(금속가공용유류, 폐수약품), 무빙서비스 익스프레스(이사전문기관), (주)통일실업(신사복, 크리스찬베르나르알베르토), 일성종합건설(건축업), (주)선도상업(도자기생산), 순전다홈(정동원), (주)한국티타늄공업(각종 도료원료), (주)일홍

(유통, 오징어채, 식품), 남경물산(유통업, 농수산물), 삼원예복(예복제조업), (주)일신석재공업(건축용자재, 대리석가공), (주)일성종합건설(토목건축설계), (주)선도산업(도자기연와), (주)세일로(가발, 전자, 피혁), 적성사업(주)(골재채취), (주)우창흥업(황환채), (주)홍상목재(목재수입, 가구제작), 홍영, LOE(수산물 가공), (주)일홍부산사무소, (주)홍영수산(원양어업), (주)삼정수력(발전기), (주)일상·일상경조(조경, 농예물, 부동산관리), 성일기계상사(기계류판매), (주)통일서울대리점(기계류판매), (주)우리몰, 성신상업투자(증권), 영도산업 해피월드 서울지사(일본의 판매망), (주)마칸드라수산(해운업), (주)성언-빅토리아, 청심그룹 등이다.

3) 통일교는 문화와 예술을 통해 포교한다

통일교는 다음과 같은 문화와 예술을 통해 포교하는데, 유니버셜아트센터, 리틀엔젤스예술단, 유니버셜발레단, 평양학생소년예술단, 그 순간(The moment), 참가정문예단 SUN(선), 청심국제청소년수련원, 청심평화월드센터 등이 있다.

4) 통일교는 생활문화를 통해 포교한다

통일교는 다음과 같은 생활문화를 통해 포교하는데, 엘본더스타일(패션),[69] 엘본더테이블(레스토랑) 등이 있다.

---

[69] 엘본더스타일는 서울을 중심으로 전국 유명한 백화점에 18개점을 오픈하였다.

5) 통일교는 언론을 통해 포교한다

통일교는 다음과 같은 언론을 통해 포교하는데, 세계일보, 종교신문, 워싱턴타임스, UPI통신, (주)성화출판사, 성화사, 통일세계, 새가정모화연구회, 청파서림, 성동문화사, 신명출판사, 도서출판 주류, 도서출판 일념, 월간광장, 월간초교파, 월간타임즈, 세계언론인연합 등이 있다.

6) 통일교는 스포츠와 레저를 통해 포교한다

통일교는 다음과 같은 스포츠와 레저를 통해 포교하는데, 성남일화천마축구단, 세일여행사, 일성콘도체인, 금강산국제그룹, 브라질축구유학원, 설봉호텔, 아이키키호텔, (주)일성레저, 부곡콘도(콘도미니엄), (주)뉴동진여행사, (주)세진(호텔영업), 용평리조트, 금강래프팅, (사)사계스포츠낚시연합, 파인리즈 리조트, 평양 양각도 호텔 등이 있다.

7) 통일교는 IT를 통해 포교한다

통일교는 다음과 같은 IT로 포교하는데, 청심IT,[70] 팜스코(시설관리), 청심 CM 사업부(건설사업관리) 등이 있다.

---

[70] 청심IT는 첨단 기술력을 바탕으로 서비스를 제공하고 있다. 청심 각 기관은 여수오션리조트, 선원건설, 선문대학교, 혜전대학교, NHN, 한국공항공사, 머큐어 호텔 등에게 안정적인 IT서비스를 제공하며 보안솔루션, IT 컨설팅, U-Biz, 시스템통합(SI) 정보시스템 구축 및 통합 운영 관리 노하우를 가지고 있다.

8) 통일교는 의료와 복지를 통해 포교한다

통일교는 다음과 같은 의료와 복지를 통해 포교하는데, 청심국제병원, 청심빌리지(요양병원) 등이 있다.

9) 통일교는 다양한 기관을 통해 포교한다

통일교는 다음과 같은 다양한 기관을 통해 포교하는데, 한국문화재단, 한일문화교류협회, 화협(소비자조합), 미국연수회, 국제승공연합, 중앙훈련소, 청평훈련소, 세계원화은협회 중앙수련회, 국제순회사실, 국제연수원, 대모님기념관, 부인연합, 뿌리찾기연합회, 세계선교본부, 여성연합, 역사편찬위원회, 용인연수원, 원화도, 중앙노동경제연구원, 중앙수련원, 청평기도원, 크리스챤교수협의회, 통일스포츠, 세계평화교수협의회, 국민연합, 전본부교회, 제주국제연수원, 종교협의회, 승공교육훈련소, 초종교초국가연합, 세계평화종교연합, 미국성직자회의 남북통일국민연합, 세계평화정상회의, 사단법인 초교파기독교협의회, 남북통일운동국민연합, 남북통일학생전국연합회, 전국대학교수학생 남북통일운동연합, 국제패밀리회, 국제여성승공연합, 혁선교회(CMR), 세계평화무술인연합 등이 있다.[71]

---

[71] 미국 내 통일교 자산은 뉴욕 맨해튼의 엠파이어 스테이트 빌딩과 트루월드라는 생선 공급업체로 미국 9천여 레스토랑에 초밥용 생선을 공급하고 있다. 알래스카와 알라바마 주를 비롯한 미국 곳곳에서 기업과 교육기관을 운영하며, 성지 개발이라는 명분으로 대규모 부동산 투자를 진행하면서 막대한 경제적인 부를 쌓아가고 있다. 탁지일, 『교회와 이단』(서울: 도서출판 두란노, 2016), 118.

5. 나가는 말

결론적으로, 통일교는 기독교와 전혀 다른 이단 종교이다. 실제로 이단 종교는 교주가 사망했음에도 불구하고 그 단체가 곧바로 문 닫지는 않는다. 오히려 일반적으로 이단 종교에서 교주의 죽음은 새로운 또 하나의 신격화의 시작일 뿐이다.[72] 합동결혼식의 강제성과 인위적인 조작으로 가정파괴와 사회적인 문제를 일으키고 있는 통일교는 피가름이란 명목으로 혼음과 참 가정, 그리고 참 부모를 우상화하는 등 경계해야 할 사회문제이다.[73]

우리나라에서 발생하여 미국에서 급성장한 통일교는 정치, 경제, 사회, 문화 등 여러 분야에서 자신들의 종교적인 색채를 숨기고 깊숙이 침투해 활동하고 있다. 문선명의 세습자인 문형진[74]은 세계평화통일가정연합 세계회장이 됨에 따라 포교활동의 노선이 한층 진화되고 있다. 특히 통일교는 기독교와 차별화함으로써 기성 종교로 입지를 점유하고 있으며, 기독교, 불교, 이슬람교 등 모든 종교를 아우르는 관용을 보여주고 있어 종교다원주의의 시대적 기류에 편승하려고 한다.[75]

통일교는 종교적인 조직일 뿐만 아니라 더 나아가 경제적인 조직으로 구성되어 있다. 대기업의 창업주가 사망해도 기업은 계속 유지되는 것처럼 통일교도 상당 기간 지속할 것이다. 게다가 통일교 기업체들은 종교적인 신념에 기초한 경제적인 조직이기에 통일교 신도들인 직원들의 충성도는 앞으로도 높은 편이라고 볼 수 있을 것이다. 무엇보다도

---

72 탁지일, 『교회와 이단』, 123-124.
73 대전광역시 기독교연합회 이단사이비대책위원회, 87.
74 문형진은 미국 하버드대학교에서 철학과 하버드대학원에서 비교종교학으로 석사학위를 받았다.
75 현대종교 편집국, 『이단바로알기』, 171.

통일교는 남북한과 해외에서 모두 합법적인 경제적 조직으로 자리 잡고 있다는 점을 잊어서는 안 된다. 그들은 다양한 정치와 경제적인 요인들의 보호를 받고 있기 때문에 그들에 대한 대처 방법은 교리적인 문제를 넘어 선다.[76]

따라서 한국교회는 통일교를 대처하기 위한 활동으로 교리적인 이단성을 밝히는 데 집중하는 것뿐만 아니라 평화라는 명목과 순결, 그리고 참 가정 등과 같은 구호와 사회 문화 활동으로 가장하여 사람들을 미혹하고 있어 통일교와 관련된 행사임을 확인할 필요가 있다.

통일교는 대학 동아리인 한국대학원리연구회, 월드카프(W-CARP), 민통선자원봉사 활동, 화이트캠퍼스운동, 순결운동 등의 활동을 통해 포교하기 때문에 특별히 한국교회는 기독교 학생들에게 세밀한 지도를 해야 한다. 또한 통일교는 반기독교적인 활동과 교세확장을 펼쳐 나가고 있기 때문에 한국교회는 이에 적극으로 대처하여 더 많은 사람이 미혹되지 않도록 노력해야 한다.[77]

최근 현대인들의 큰 관심사가 웰빙인데, 우리의 몸과 마음을 미혹하는 많은 이단 종교의 사업체들과 제품들이 우리 가까이에 있다. 사실 이단 종교에서 운영하는 사업체들과 제품들을 파악하기란 점점 어려워지고 있다. 특히 통일교와 관련된 단체나 제품들은 이름을 파악하기가 불가능할 정도로 위장되어 있다.[78]

하지만 계속 통일교의 제품들을 불매 운동하는 것은 한국교회뿐만 아니라 교인들 개인적으로 지속할 필요성이 있다.[79] 더 나아가 통일교

---

[76] 탁지일, 『교회와 이단』, 124.
[77] 대전광역시 기독교연합회 이단사이비대책위원회, 87.
[78] 탁지일, 『이단』, 172-173.
[79] 대전광역시 기독교연합회 이단사이비대책위원회, 87.

문선명 일가의 비윤리성과 반사회성을 폭로하는 것은 한국사회의 공감대를 형성하는 방향으로 전환해 나가야 할 것이다.[80]

---

[80] 탁지일, 『교회와 이단』, 124. 미국 언론보도에 의하면, 문선명 자녀들의 문제점들과 혼외자녀 의혹이 구체적으로 게재되면서 미국 주류사회에 통일교에 대한 부정적인 이미지가 확산되고 있는 것에 주목해야 한다. 그들의 비윤리적이고 이율배반적인 통일교의 모습이 국내외에서 지속적으로 노출될 때 통일교는 서서히 역사의 무대에서 사라져 갈 것이다.

제8장

구원파

1. 들어가는 말

안산 단원고등학교 학생 325명을 포함해 476명의 승객을 태우고 인천을 출발해 제주도로 향하던 세월호가 지난 2014년 4월 16일 전남 진도군 앞바다에서 침몰하였다. 사실 세월호 참사는 이단 종교의 폐해를 명백하게 드러낸 사례였다.

이 대참사는 유병언의 절대적인 권위자의 가르침에 따라 왜곡된 구원론을 받아들여서 사업을 종교 행위로 믿고 신도들을 종교사업에 투신하게 하여 일부 상위층의 사람들에게 부가 집중되게 하였던 소위 구원파라는 이단 종교의 실체를 적나라하게 드러낸 사건이었다.[1]

이단 종교인 구원파와 밀접한 관계가 있는 세월호 참사는 인간 생명에 대한 존엄성은 사라지고 물질적 탐욕의 희생제물이 된 결과이며, 구원파는 엄청난 죄악을 저질렀어도 참회하기보다 자기 집단의 방어에만 급급해 반사회적인 이미지를 남기었다.[2]

"성도님, 구원받으셨나요?"

---

1 이단사이비대책위원회, 『이단사이비를 경계하라!』, 248.
2 이단사이비대책위원회, 『이단사이비를 경계하라!』, 248.

"언제 구원받으셨나요?"

이러한 질문으로 다가오는 사람들이 있다면, 그들은 이단 종교인 구원파일 가능성이 크다. 구원파는 정통 기독교의 구원 문제에 대해 확신이 없거나 희미하게 인식하고 있는 교인들을 향해 접근하고 있다.[3]

구원파란 성경에 나타난 구원의 교리를 정통 기독교와는 다르게 왜곡하여 해석하고 가르치기 때문에 한국교회와 교인들을 혼란케 하는 무리들이라고 말할 수 있다.

다시 말해, 구원파는 성경에 나타난 구원의 교리를 몇 가지 구절에 의존하여 그것이 전체인양 강조하고, 오랜 교회의 역사를 통해 정립된 정통 기독교의 교리를 잘못된 것으로 치부할 뿐만 아니라 성경 본문에 대한 자신들의 해석만이 절대적인 진리로 가르치기 때문에 교회의 일치를 깨트리고 교인들의 구원신앙을 잘못된 방향으로 인도하는 이단 종교집단이다.[4]

구원파는 1960년대 초에 시작된 이단 종교로 분류되고 있다. 대부분 사람은 구원파가 한국에서 자생적으로 생겨난 이단 종교로 알고 있지만, 엄밀히 말하면, 구원파는 미국과 네덜란드 등지에서 파송된 자칭 선교사들에 의해서 수입된 이단 종교라고 보아야 한다.

그런데 왜 구원파라는 이름이 붙게 되었는가?

그것은 그들이 정통 기독교 교인들을 미혹할 때, "구원받았습니까?" "언제 몇 년, 몇 월, 며칠, 몇 시에 구원받았습니까?"라고 묻기 때문에 구원파라고 불리게 되었다.

---

[3] 배본철, 『이단을 보는 눈』, 285.
[4] 이단사이비대책위원회, 『이단사이비를 경계하라!』, 248-249.

그들은 10가지의 유사한 질문을 활용하기도 한다.[5] 이단 종교를 대처하는 방법에 있어서 그들의 정확한 명칭과 창시자 등을 아는 것은 대단히 중요하다. 구원파의 기본적인 속성만 숙지(熟知)하더라도 이단 종교에 빠지는 것을 예방할 수 있기 때문이다.[6]

구원파는 유병언의 기독교복음침례회와 이요한의 대한예수교침례회(생명의말씀선교회), 그리고 박옥수의 대한예수교침례회(기쁜소식선교회)의 세 단체로 같은 뿌리에서 나온 이단 종교로서 유사한 교리를 주장하고 있으며, 현재 왕성하게 활동하고 있어 구체적으로 살펴보도록 하자.

2. 기독교복음침례회 창시자 권신찬과 유병언의 프로필과 역사

오대양 사건[7]과 주식회사 세모, 그리고 한국녹색회와 관련된 것으로

---

[5] 진용식, 『구원파는 과연』(서울: 백승, 2011), 9. 10가지의 질문은 다음과 같다. 첫째, 선생님의 이름이 생명책에 기록된 것을 확실히 알고 믿습니까? 둘째, 선생님은 거듭나셨습니까? 셋째, 사망에서 생명으로 옮겨진 것을 확신하십니까? 넷째, 구원받았습니까?, 언제 몇 년, 몇 월, 몇 일, 몇 시에 구원받았습니까? 다섯째, 의인입니까? 죄인입니까? 여섯째, 모든 죄가 용서되었습니까? 일곱째, 하나님을 두려워하는 생활이 아닙니까? 여덟째, 구원받은 것이 확신되어집니까? 아홉째, 재림주를 영접할 준비가 되었습니까? 열째, 구원의 근거가 어디에 있습니까? 이러한 구원과 관련된 질문으로 접근하기 때문에 구원파라는 이름이 붙게 된 것이다.

[6] 정윤석, 『평생 이단에 빠지지 않는 복된신앙』, 94.

[7] 1987년 8월 29일 경기도 용인에 있는 주식회사 오대양의 공예품 공장 식당 천장에서 오대양 대표 박순자를 비롯해 가족·종업원 등 신도 32명(남 4명, 여 28명)이 손이 묶이거나 목에 끈이 감긴 채 시체로 발견되었다. 사망자 32명 중 17명은 가족관계였다. 일반인들의 상식으로는 이해하기 어려운 자살극인 위장된 변사 사건으로 이해하기 어려운 부분들이 많은 대한민국 정부수립 이후 최대의 변사 사건이었다. 숨진 오대양 직원 대부분은 구원파 신도였다. 잇따라 '타살' 의혹이 제기되어 1987년 수사 이후 1989년과 1991년 두 차례에 걸쳐 재수사가 이뤄졌지만 모두 '집단 자살'로 결론 내려졌다. 5공 특위는 검찰 조사가 미흡함을 지적하며 오대양 사건에 대해

알려진 권신찬과 유병언의 기독교복음침례회는 모든 구원파의 본산지이다. 먼저 권신찬(1923-1996)은 1923년 1월 13일 경북 영덕군 병곡면 원황리에서 출생하였다. 해방 후, 그는 남산총회신학교[8]를 졸업하고, 1951년 목사 안수를 받았으나 1962년 대한예수교장로회 경북노회로부터 장로교 목사로 활동하다가 네덜란드 자칭 선교사 케이스 글라스(일명 길기수, Case Glass)의 영향으로 1961년 11월 "죄 사함을 깨달아" 침례를 받고 또 신도들에게 재침례를 허용했다는 이유로 이단 종교로 정죄되어 목사직을 박탈당했다.[9]

1966년, 그는 인천에 있던 극동방송국 전도과장에 올랐으나 1974년 9월 10일 교리 문제로 극동방송국을 떠났다. 1981년, 그는 기독교복음침례회 교단을 만들고 총회장으로 의사인 변우섭을 선출하여 정식 출범하였다.[10]

기독교복음침례회의 실질적 대표였던 유병언(1941-2014)은 1941년 2월 11일 일본 도쿄에서 출생하였다. 그는 일본에서 소학교를 마치고 대구로 부모와 함께 이사하여 대구에서 공업고등학교를 졸업하였다.[11]

7-8명 이상 외부의 도움 없이는 불가능한 집단 살해 사건이라고 판단하여 검찰의 재조사를 촉구하였다. 이와 함께 당시 구원파 교주인 유병언 세모 사장과 박순자 사이에 수억 원의 돈거래가 있었다는 사실이 드러났고, 숨진 오대양 직원 대부분이 구원파 신도였다는 사실이 밝혀지자 검찰은 1991년 재수사에 착수하였다. 그러나 검찰은 집단변사와 유병언과의 연관성을 밝혀내지 못했다. 다만, 검찰은 종교를 빙자해 상습적으로 사기를 친 혐의로 유병언을 구속 수감하였다. 다음백과, "오대양 집단 변사 사건", http://100.daum.net/encyclopedia/view/47XXXXXXXX29.

8 남산총회신학교는 현재 장로회신학대학교와 총신대학교가 분열되기 전의 신학교를 말한다.
9 교회와신앙, "유병언·이요한·박옥수 구원파는 왜 이단인가?", http://www.amennews.com/news/articleView.html?idxno=12575.
10 현대종교 편집국, 『이단바로알기』, 66.
11 현대종교, "단체정보: 기독교복음침례회(구원파)", http://www.hdjongkyo.co.kr/main/sub/news_index_detail.html?section=42264&category=42265&num=60.

미국 독립선교사 딕 욕(Dick York)의 영향으로 "복음을 깨달았다"는 유병언은 권신찬의 외동딸과 결혼하여 장인 사위의 관계를 맺었다.[12]

유병언은 박옥수와 함께 1960년대 초 외국인 독립선교사들이 운영했던 대구성경학교에서 6개월간 성경을 공부한 적이 있었으나 1963년부터 선교사들과 관계를 끊고 독자노선을 구축하여 1969년부터 1981년까지 "평신도복음선교회"라는 이름으로 활동하기도 하였다.

1971년, 유병언은 서울 약수동 성동교회에서 구원파의 교리에 미혹된 선교사 3명과 한국인 목사 2명으로부터 목사안수를 받았으며, 1981년 기독교복음침례회라는 이름으로 활동하였다.[13] 유병언은 교제의 구심점이 필요하다며 1974년 '삼우트레이딩'이라는 회사를 인수하여 신도들의 헌금으로 운영하면서 사장으로 추앙받았다. 1980년대, 그는 세모라는 이름으로 스쿠알렌, 컴퓨터, 조선, 유람선 등의 사업에 전념하였고, 오대양 사건과 관련되어 4년을 복역한 후에 유 회장으로 불렸다.[14]

위장술이 뛰어난 그는 1982년 자연보호운동을 기치로 내세워 한국녹색회(회장 정윤재)라는 단체를 만들어 2002년부터 경북 청송군 현서면 일대의 임야를 매입하여 집단촌을 형성하였다. 그리고 그는 환경친화적인 유기농법으로 농사를 지으며 공동생활을 하는 이른바 '청록마을 프로젝트'를 추진한 것으로 알려졌다. 청송 외에도 그는 안성과 제주도에 농장을 운영하면서 폐쇄적인 집단생활을 유도하였다.[15]

---

12 교회와신앙, "유병언·이요한·박옥수 구원파는 왜 이단인가?", http://www.amennews.com/news/articleView.html?idxno=12675.

13 교회와신앙, "유병언·이요한·박옥수 구원파는 왜 이단인가?", http://www.amennews.com/news/articleView.html?idxno=12675.

14 교회와신앙, "유병언·이요한·박옥수 구원파는 왜 이단인가?", http://www.amennews.com/news/articleView.html?idxno=12675.

15 교회와신앙, "유병언·이요한·박옥수 구원파는 왜 이단인가?", http://www.amennews.com/news/articleView.html?idxno=12675.

1983년, 그는 신앙과 사업을 연계하여 헌금을 사업자금으로 활용하자 교역자로 있었던 이요한(이복칠)과 그의 추종자들이 일제히 반기를 들고 이탈하여 지금의 경기도 안양 인덕원에 대한예수교침례회(생명의 말씀선교회) 서울중앙교회를 세웠다.

3. 대한예수교침례회 창시자 이요한의 프로필과 역사

이요한은 중학교 졸업 후 6·25 동란 중 대구 임시 신학교에서 권신찬에게 사사 받은 것이 교육 배경의 전부인 것으로 알려져 있다. 그는 구원파 초창기인 1960년대 중반부터 목포를 중심으로 활동하다가 1971년에 권신찬에게 목사안수를 받았으며, 전남 목포에서 '평신도복음선교회'라는 간판을 걸고 활동하며 정통 기독교를 비판하고 시한부 종말론을 설교하였다.[16]

1974년 말, 유병언은 부도 위기에 놓인 삼우트레이딩을 매입하여 교인들의 헌금으로 사업을 확장해 나갔는데, 이요한은 1983년 교회헌금을 사업에 전용하는 것을 문제 삼아 사업으로부터 "복음을 수호한다"는 유인물을 배포하였다. 그는 유인물을 통해 유병언을 노골적으로 비난하고 나섰으며, 권신찬은 유병언을 옹호하고 나섬으로 구원파는 분열되었다. 유병언 측에서는 이요한을 집단 구타하여 대전에서 5명이 구속되는 사태가 발생하기도 하였다.[17]

---

[16] 교회와신앙, "유병언·이요한·박옥수 구원파는 왜 이단인가?", http://www.amennews.com/news/articleView.html?idxno=12675.

[17] 교회와신앙, "유병언·이요한·박옥수 구원파는 왜 이단인가?", http://www.amennews.com/news/articleView.html?idxno=12675.

결국, 이요한은 교회와 사업은 분리해야 한다는 성명을 내고, 서울 서초구 방배동에 대한예수교침례회를 설립하였다. 1995년에 그는 경기도 안양의 인덕원에 1천여 평의 대지를 마련하고 예배당을 건축하여 서울중앙교회라는 간판 아래 활동하였다.[18]

정통 기독교와 달리 일정한 예배형식은 없고 집회 방식으로 1시간 30분에서 2시간가량 성경강해를 한다. 저녁에는 예배를 대신하여 교제 중심으로 각 부서에서 봉사하던 사람들이 모여 교육도 받고 서로 이야기로 나눈다. 그리고 1년에 4차례는 "성경강연회"를 가지며, 1년에 한 번 정도 공주에 있는 갈릴리수양관에서 전체 수양회를 갖는다고 한다.[19]

물론 예배형식과 기도 등 정통 기독교를 흉내 내고는 있으나 십일조와 기타 연보, 기도, 예배를 율법과 종교로 간주하던 그의 스승 권신찬의 근본 사상에서 벗어나지 못하고 있다.

전국에 약 211여 개의 지교회[20]를 두고 있으며, 4만 명의 추종자가

---

18 현대종교 편집국, 『이단바로알기』, 68-69.
19 교회와신앙, "유병언·이요한·박옥수 구원파는 왜 이단인가?", http://www.amennews.com/news/articleView.html?idxno=12675.
20 서울(서울 강북, 서울 강서, 서울광진, 서울 노원, 서울 도봉북부, 서울 동대문, 서울동부, 서울서부, 서울송파, 서울양천, 서울은평, 서울잠실 서울종로, 서울중랑, 서울중부, 서울중앙). 강원도(강릉, 동해, 삼척, 속초, 양구, 양양, 원주, 원주문막, 정선, 철원, 춘천, 태백, 평창, 홍천, 화천). 경기도&인천(가평, 강화, 경기광주, 경기하남, 고양, 광명, 구리, 김포, 김포한강, 남양주오남, 남양주평내, 마석, 문산, 부천, 북수원, 서수원, 서안산, 성남, 수원, 시화, 시흥, 안산, 안성, 양주, 양평, 여주, 연천, 오산, 용인, 의정부, 이천, 인천, 인천계산, 인천계양, 인천부평, 인천서부, 인천영종, 일산, 파주, 평택, 평택동부, 포천, 화성). 경상남도&부산&울산(거제, 거창, 김해, 마산, 밀양, 부산, 부산남부, 부산서부, 부산중부, 삼천포, 양산, 울산, 울산남부, 울산동부, 울산북부, 울산서부, 진주, 진해, 창원, 창원중부, 하동, 합천, 해운대). 경상북도&대구(경주, 구미, 김천, 대구, 대구강북, 대구달서, 대구중부, 문경, 상주, 안강, 영덕, 영주, 영천, 울릉, 울진, 청도, 청송, 칠곡, 포항, 포항남부, 후포). 전라남도&광주(강진, 고흥, 곡성, 광양, 광양서부, 광주, 광주남부, 광주동부, 광주봉선, 광주서부, 광주송정, 광주중부, 광주하남, 광주화정, 구례, 나주, 노화, 녹동, 담양, 목포, 무안, 벌교, 보성, 삼호, 순천, 여수, 영광, 영암, 완도, 임자, 장성, 장흥, 장흥남부, 지도, 진도, 함평, 해남, 화순). 전라북도(고창, 군산, 김제, 남원,

있는 것으로 추정하고 있다. 이요한 계열은 금전적으로 무리해서 교회를 건축하고 있는 것으로 이탈자들이 전하고 있는데, 수십억 공사를 하고 "은행융자의 원금은 갚지 않아도 된다. 주님 재림 때까지 교인들의 헌금으로 이자만 갚으면 된다"는 사상을 고취시키고 있다고 한다.[21]

4. 대한예수교침례회 기쁜소식선교회 창시자 박옥수의 프로필과 역사

박옥수(1944-)는 경북 선산군에서 1944년 6월 출생하여 중학교 3학년을 중퇴한 후 네덜란드 케이스 글라스 선교사의 금오산 집회에서 감화를 받았다.[22] 그날, 그는 다음과 같이 고백하였다고 한다.

> 1962년 10월 7일, 내 모든 죄가 눈처럼 희게 씻어진 것이 믿어진 그 날, 내 죄가 예수님의 보혈로 눈처럼 희어졌다고 믿어진 그 날, 영원히 잊을 수 없는 그 날! 저에게는 그날이 1962년 10월 7일 새벽이었습니다.[23]

무주, 부안, 순창, 익산, 익산북부, 임실, 장수, 전주, 전주남부, 전주동부, 전주북부, 정읍, 진안, 진안). 제주도(서귀포, 제주, 제주동부). 충청남도&대전(갈릴리수양관, 계룡, 공주, 금산, 남대전, 논산, 당진, 대전, 대전동부, 대전북부, 대천, 부여, 서산, 서천, 세종, 세종중부, 아산, 예산, 정안, 천안, 천안동부, 태안, 홍성). 충청북도(영동, 음성, 제천, 증평, 진천, 청주, 청주남부, 충주). 생명의말씀선교회, "국내선교", http://www.jbch.org/kor/domestic/index.php?sCode=10r15r10.

21 교회와신앙, "유병언·이요한·박옥수 구원파는 왜 이단인가?", http://www.amennews.com/news/articleView.html?idxno=12675.
22 현대종교 편집국, 『이단바로알기』, 69.
23 교회와신앙, "유병언·이요한·박옥수 구원파는 왜 이단인가?", http://www.amennews.com/news/articleView.html?idxno=12675.

그 후, 외국에 선교사로 나가기 위해 합천 산골에서 훈련을 받다가 군에 입대했던 그는 1968년 전역 후 김천에서 전도하기 시작하였고, 미국 '믿음의방패선교회'의 딕 욕(Dick York) 선교사에게 목사안수를 받았다. 그리고 대구 계명대학교 앞에서 중앙교회라는 간판 아래 활동하다가 1980년대 말에 활동무대를 대전으로 옮겨 한밭중앙교회를 담임했던 그는 2005년 서울 서초 양재동에 있는 기쁜소식강남교회를 중심으로 국제청소년연합(IYF)과 기쁜소식선교회를 이끌었다.[24]

4.19 혁명 직후, 딕욕 선교사가 대구로 와서 YWCA홀을 빌려 일주일에 한 번 정도 전도 집회를 하면서 삼덕동에 있는 일식집 하나를 빌려 선교학교를 시작했는데, 박옥수는 이 선교학교를 졸업하고 6년 후 딕욕 선교사가 본국으로 떠나면서 선교학교를 이어받아 운영하였다.

박옥수는 1983년 기쁜소식선교회를 조직하여 본격적인 세력 확장에 나섰는데 "죄 사함, 거듭남의 비밀"이라는 슬로건을 내걸고 전국 대도시의 체육관을 빌려 세력을 과시하며 성경강연회를 인도하는 것으로 유명해졌다.[25] 현재 기쁜소식선교회는 국내 300여 개, 해외 300여 개의 교회가 있다.

박옥수가 발행한 주간지 「기쁜소식」이라는 정기간행물을 무료로 배포하고 있지만, MBC와 SBS와 같은 방송은 물론 「조선일보」와 「중앙일보」, 그리고 「동아일보」와 같은 일간신문을 통해 대대적인 광고를 하였고, 「월간중앙」과 「월간동아」 등에서는 박옥수 목사를 영향력 있는 정통 기독교 지도자인 것처럼 대담기사를 게재한 적도 있었다.[26]

---

[24] 교회와신앙, "유병언·이요한·박옥수 구원파는 왜 이단인가?", http://www.amennews.com/news/articleView.html?idxno=12675.

[25] 교회와신앙, "유병언·이요한·박옥수 구원파는 왜 이단인가?", http://www.amennews.com/news/articleView.html?idxno=12675.

[26] 교회와신앙, "유병언·이요한·박옥수 구원파는 왜 이단인가?", http://www.amennews.com/news/articleView.html?idxno=12675.

5. 구원파의 주장

구원파는 구원의 복음을 전하고 있다고 말하지만, 그 구원의 개념은 성경에서 전하는 구원이 아니라 다른 구원을 전하고 있기 때문에 이단 종교라 규정하고 있다.

1) 구원파는 깨달음을 통해 구원을 받는다고 주장한다

구원파는 깨달음을 통해서 구원을 받으며 한 번 구원의 확신을 받으면 어떤 죄를 지어도 구원이 취소되지 않는다고 주장한다.[27] 다시 말해, 구원받은 후에는 모든 죄를 다 용서받았기 때문에 죄를 지어도 회개할 필요가 없다고 주장하는 것이다.[28] 회개는 한 번만으로 족하다는 그들은 회개하는 사람은 죄가 있다는 증거가 되기 때문에 죄가 있으면 구원의 반열에 들지 못한다고 말한다.[29] 그들은 단회적 회개와 반복적 회개를 모르기 때문에 이러한 주장이 나온다고 볼 수 있다.[30]

이러한 왜곡된 주장으로 인해 복음을 변질시킬 뿐만 아니라 순진한 정통 기독교 교인들은 미혹되기 쉬운 것이다.[31] 구원파가 많은 교인을 혼란케 하는 데 성공하는 이유는 교인들이 구원과 죄에 대한 개념을 정확하게 모르기 때문이다.[32]

---

[27] 현대종교 편집국, 『이단바로알기』, 71-72.
[28] 진용식, 『구원파는 과연』, 19.
[29] 현대종교 편집국, 『이단바로알기』, 71-72.
[30] 진용식, 『구원파는 과연』, 21. 구원을 위한 회개는 단회적 회개이며, 구원 받은 후 자범죄에 대한 것이 반복적 회개라고 말한다. 즉 단회적 회개는 회심이며, 반복적 회개를 회개라고 하는 것이다.
[31] 현대종교 편집국, 『이단바로알기』, 71-72.
[32] 이단사이비대책위원회, 『이단사이비를 경계하라!』, 267.

구원파는 다른 이단 종교와는 다르게 성경을 하나님의 말씀으로 인정하지만 임의로 성경을 억지로 해석하여 그들은 새로운 깨달음이라고 전하기 때문에 정통 기독교가 이단 종교라고 규정하는 것이다.[33]

구원파는 표면적으로 성경을 강조하는 것처럼 보이지만 궁극적으로 그릇된 성경 해석으로 성경을 부인하는 이단 종교이다. 그들은 예수를 믿으라고 말하지만 사실 창시자를 높이고 있으며 역사적인 정통 기독교의 교리보다는 창시자의 가르침이나 자신의 교리를 더 강조하는 이단 종교이다. 이러한 이단 종교의 주장이 거짓되다는 주장은 성경이 기준이며, 성경에 대한 태도라고 보아야 한다.[34]

정통 기독교의 성경적인 주장으로는, 진정한 구원은 깨달음이 아니라 참된 회개와 예수 그리스도에 대한 믿음이 있어야 한다. 누가복음 15:17-19[35]에서 그리스도인은 자신의 진정한 상태를 깨닫는 것이다. 그리고 사도행전 2:38[36]에서 그리스도인은 회개하고, 그리고 사도행전 16:31[37]에서 그리스도인은 믿고, 요한복음 1:12[38]에서 그리스도를 영접해야 그리스도인이 되는 것이다. 이처럼 하나님과의 관계를 제대로 맺어야 구원을 받을 수 있다.

---

[33] 정동섭·이영애, 『구원파는 왜 이단이라고 하는가』, 52.
[34] 정동섭·이영애, 『구원파는 왜 이단이라고 하는가』, 54.
[35] "이에 스스로 돌이켜 이르되 내 아버지에게는 양식이 풍족한 품꾼이 얼마나 많은가 나는 여기서 주려 죽는구나 내가 일어나 아버지께 가서 이르기를 아버지 내가 하늘과 아버지께 죄를 지었사오니 지금부터는 아버지의 아들이라 일컬음을 감당하지 못하겠나이다 나를 품꾼의 하나로 보소서 하리라 하고"(눅 15:17-19).
[36] "베드로가 이르되 너희가 회개하여 각각 예수 그리스도의 이름으로 세례를 받고 죄 사함을 받으라 그리하면 성령의 선물을 받으리니"(행 2:38).
[37] "이르되 주 예수를 믿으라 그리하면 너와 네 집이 구원을 받으리라 하고"(행 16:31).
[38] "영접하는 자 곧 그 이름을 믿는 자들에게는 하나님의 자녀가 되는 권세를 주셨으니"(요 1:12).

따라서 고린도후서 7:1[39]에서 참된 그리스도인은 천국에 갈 때까지 이 땅에서는 죄악과 허물을 회개하면서 구원을 이루어가야 한다. 죄에서 그리스도인이 넘어질 때는 십자가를 생각하며 회개하고 연약하고 허물어진 자신을 위해 이 땅에 오신 예수님께 감사하며 나아가야 할 것이다.

2) 구원파는 정통 기독교의 교회가 율법주의적인 모습을 가지고 있다고 주장한다

구원파는 구속하고 억압하는 율법주의적인 모습이 정통 기독교가 가지고 있다고 주장하며, 이러한 율법은 폐기되어야 한다는 율법폐기론을 주장한다.[40] 그들은 율법이 십자가에서 끝난 것이기 때문에 구원받은 사람은 더 이상 율법의 규범에 묶여 가책을 받을 필요가 없다고 주장한다.[41]

그래서 주일성수, 십일조, 금식, 새벽기도, 기도 생활까지도 율법이라고 부인하고 있다. 구원받을 때 율법에서 완전히 해방받았기 때문에 이러한 규범에 목매일 필요가 없다는 것이다.[42]

이렇게 율법을 더 이상 따를 필요가 없고 율법폐기와 도덕 폐기적인 모습을 보이기 때문에 한 번 구원받았으면 더 이상 회개할 필요가 없다고 주장하는 것이다.[43]

---

[39] "그런즉 사랑하는 자들아 이 약속을 가진 우리는 하나님을 두려워하는 가운데서 거룩함을 온전히 이루어 육과 영의 온갖 더러운 것에서 자신을 깨끗하게 하자" (고후 7:1).
[40] 한국군선교연구소, 『우리가 알아야 할 이단』, 19.
[41] 진용식, 『구원파는 과연』, 24.
[42] 진용식, 『구원파는 과연』, 24.
[43] 한국군선교연구소, 『우리가 알아야 할 이단』, 19.

유병언은 자신이 이끄는 구원파가 참 교회임을 입증하기 위하여 요한복음 15:1과 15:5에서 "나는 참포도나무요 내 아버지는 농부라 … 나는 포도나무요 너희는 가지라"고 한 포도나무 뭉치는 예수님이 아니라 한국에 이루어져 있는 구원파가 바로 참 포도나무라는 독선적인 해석을 주장하고 있다.[44]

하지만 정통 기독교의 성경적인 주장으로는, 구원파의 율법폐기론은 잘못된 것이며, 요한일서 1:9[45]에서 죄에 대해 분명히 회개를 촉구하고 있는 것이다.

3) 구원파는 잘못된 성경해석을 주장한다

구원파는 시한부 종말론과 함께 지구의 멸망을 주장하고 있다. 특히 요한계시록에 등장하는 여러 가지 단어들을 비성경적이고 풍유적인 방법으로 해석한다. 예를 들어, 열 뿔은 유럽연합(European Union)으로, 666은 바코드와 베리칩, 그리고 컴퓨터와 은행카드 등으로 해석한다.[46] 그리고 동방은 한국 아니면 중국으로, 적그리스도는 미국 대통령과 이스라엘 수상으로 보고 있다. 또한, 무화과나무는 이스라엘 독립 1948년으로 이 부분을 가지고 시한부 종말론의 시간을 주장하기도 한다. 아울러 음녀는 로마 가톨릭과 자유의 여신, 그리고 기독교 등으로 해석한다. 창세기 1:1과 1:2 사이에 간격이 있었다는 주장도 하고 있다.[47]

---

[44] 정동섭·이영애,『구원파는 왜 이단이라고 하는가』, 56.
[45] "만일 우리가 우리 죄를 자백하면 그는 미쁘시고 의로우사 우리 죄를 사하시며 우리를 모든 불의에서 깨끗하게 하실 것이요"(요일 2:7).
[46] 한국군선교연구소,『우리가 알아야 할 이단』, 20.
[47] 한국군선교연구소,『우리가 알아야 할 이단』, 20.

하지만 정통 기독교의 성경적인 주장에서, 성경은 예수 그리스도를 통해 인류를 구원하는 하나님의 계획을 알려주는 책이다. 디모데후서 3:15-17[48]에서 성경은 하나님의 감동으로 된 절대무오한 말씀이다.

성경은 모든 사람을 구원하는 절대의 경전이다. 성경은 신앙 행위의 표준과 교회 정치 제도의 규범이다. 성경은 영적 부흥과 축복을 주는 진리이다. 성경은 인간 생활의 유일한 지침서이기 때문에 성경을 기초하지 않은 비평적이며 자의적인 해석을 절대로 용인하지 않을 것이다.[49]

6. 구원파의 포교활동

구원파는 구원의 확신을 강조하는 공통분모를 가지고 있다. 그들은 국내뿐만 아니라 해외에서도 포교활동의 영역을 확장해 가고 있다.

1) 유병언 구원파의 포교활동

(1) 유병언 구원파는 전도집회를 통해 포교한다

유병언 구원파는 제주표선전도집회 모임 내용만 공개할 뿐 구체적인 포교활동은 공개하지 않는다. 그들은 주로 여름수양회를 통해 '성경탐구모임' 등의 집회로 모이고 있다. 국내 포교활동은 신도가 주 대

---

[48] "또 어려서부터 성경을 알았나니 성경은 능히 너로 하여금 그리스도 예수 안에 있는 믿음으로 말미암아 구원에 이르는 지혜가 있게 하느니라 모든 성경은 하나님의 감동으로 된 것으로 교훈과 책망과 바르게 함과 의로 교육하기에 유익하니 이는 하나님의 사람으로 온전하게 하며 모든 선한 일을 행할 능력을 갖추게 하려 함이라"(딤후 3:15-17).

[49] 예성신학정립 편찬위원회, 『예성신학의 이해와 신조 해설』, 164.

상이며 해외 포교활동은 비교적 소극적인 것으로 나타난다.[50]

(2) 유병언 구원파는 사업체를 통해 포교한다

유병언 구원파는 인천시 부평구 십정동 558-10번지에 주식회사 세모 본사와 공장을 운영하고 있다. 그들은 세모 스쿠알렌 등 건강식품과 화장품, 그리고 자연식품 등을 출시하고 있으며, 세모 에스엘, 쇼핑몰 다판다, 세모종합연구소, 세모 조선, 온나라 유통, 다정한 친구들, 청해진, 아해, 한국제약, 노른자, 한평 신협 등의 사업체를 운영하고 있다.

2) 이요한 구원파의 포교활동

(1) 이요한 구원파는 성경 강연회를 통해 포교한다

이요한 구원파는 유병언의 기업체와 교회의 연결을 비판했기 때문에 일절 기업체는 운영하고 있지 않다.[51] 그들의 활동으로는 정기간행물로 월간지 「생명의 빛」이 발행되고 있으며, 포교활동을 위해 진리의 말씀 출판사와 영생의말씀사를 운영하면서 포교용 소책자와 신앙서적을 발행하고, 신앙상담과 성경강연회 등을 열어 구원파의 교리를 설명하고 있다.[52]

(2) 이요한 구원파는 단기선교를 통해 포교한다

이요한 구원파는 소속 교역자를 중심으로 하여 약 2-4주간의 단기선교를 진행한다. 단기선교는 현지인을 대상으로 포교집회를 열어 교리를

---

50 현대종교 편집국, 『이단바로알기』, 85.
51 한국군선교연구소, 『우리가 알아야 할 이단』, 23.
52 현대종교 편집국, 『이단바로알기』, 69.

전한다. 2010년에서는 21차례의 단기선교를 진행하기도 하였다.[53]

3) 박옥수 구원파의 포교활동

(1) 박옥수 구원파는 성경세미나를 통해 포교한다

박옥수 구원파는 국내외적으로 정기적으로 성경세미나를 열고 있다. 국내 세미나 형식을 그대로 하여 2-3일간 하루 두 번에 걸쳐 박옥수가 성경 강연을 하고, 이후 각종 신앙상담을 해준다며 기쁜소식선교회의 교리를 전한다.

해외 세미나의 경우에는 기쁜소식선교회 소속 그라시아스 합창단, 리오몬짜냐 연주단 등이 함께 참여하여 문화행사를 통해 친숙하게 접근하며 사전에 각국의 라디오, TV, 신문광고, 전단지 등으로 홍보하여 포교활동을 펼치고 있다.[54]

(2) 박옥수 구원파는 대학동아리를 통해 포교한다

박옥수 구원파는 기독교 정신을 바탕으로 만들었다는 구원파의 핵심 조직인 국제청소년연합(IYF)을 2001년에 조직하여 대학 내에서 영어말하기대회, 창조과학세미나, 영어교육, 컴퓨터교육, 연극교육, 자원봉사자모집, 사진전시회 등으로 교묘히 위장하여 외국어나 문화적 요소로 학생들에게 접근하고 있다.[55]

특히 대학동아리 IYF는 대학생들을 대상으로 하여 글로벌캠프와 월드캠프를 진행한다. 글로벌캠프는 한국의 대학생들을 세계로 진출시키

---

[53] 현대종교 편집국, 『이단바로알기』, 85.
[54] 현대종교 편집국, 『이단바로알기』, 81.
[55] 현대종교 편집국, 『이단바로알기』, 70.

는 행사이며, 월드캠프는 세계의 대학생들을 한국으로 초청하는 행사로 구분된다. 2005년 시작된 글로벌캠프는 호주, 하와이, 태국, 말레이시아 등에서 진행하였고, 한국에서 시작된 월드캠프는 2007년에 시작하여 남미 멕시코, 페루, 파라과이, 아프리카 가나, 케냐, 탄자니아, 토고 등에서 인근 국가 대학생들을 대상으로 개최하여 사업영역을 확장하였고, 2010년에는 26개국에서 월드캠프를 진행하였다.[56]

(3) 박옥수 구원파는 굿뉴스코 해외봉사단을 통해 포교한다

박옥수 구원파는 묘한 단체인 청소년들의 해외문화에 대한 관심과 흥미를 자극해 굿뉴스코(Good News Corps)해외봉사단[57]을 모집하고, 이를 통해 대학과 중고등학교에 침투하고 있다. 전 세계 35국에 지부와 회원을 두고 있는 국제청소년연합은 각종 문화공연과 국내외 박옥수 성경세미나를 열어 포교하고 있다.[58] 훈련받은 사람은 왕복 비행기 값과 개인 경비만 본인이 부담하고 숙식은 기쁜소식선교회의 현지 31개지 교회에서 제공한다. 현지에서는 오지여행, 어린이 선교, 문화교류 활동, 캠퍼스 사진전, 의료봉사, 영어 보급 활동 등을 통해 현지인들과 교류한다고 홍보한다.[59]

---

[56] 현대종교 편집국, 『이단바로알기』, 82-83.
[57] 2017년 굿뉴스코해외봉사단은 국내 431개 대학과 전 세계 87개국에 파견되었다.
[58] 현대종교 편집국, 『이단바로알기』, 70.
[59] 현대종교 편집국, 『이단바로알기』, 81.

7. 나가는 말

　결론적으로, 구원파는 죄 사함과 거듭남에 대한 교리에도 불구하고 유병언의 금전적인 문제와 이요한의 시한부 종말론의 문제, 그리고 박옥수 목사의 안수 문제로 인해 교회와 사회에 본인이 한 행동과 말이 일치되지 않고 모순되는 모습을 노출하고 있다. 나의 깨달음으로 죄 사함을 얻고, 거듭남에 대한 나의 확신으로 구원을 얻으며, 특정한 날짜와 시간을 나의 구원의 때로 확정할 수는 없다.[60] 이처럼 구원파는 죄 사함과 거듭남의 비밀을 논할 수 없는 이유가 바로 여기에 한계성이 있는 것이다.

　왜냐하면, 구원의 길이란 나로부터 시작되는 것이 아니라 하나님으로부터 시작되기 때문이다. 구원은 온전히 하나님에게 속한 것이며, 구원의 주관자는 하나님이시고, 나는 그 대상일 뿐이다.

　구원과 영생은 하나님 말씀 사랑과 실천에 대한 하나님의 은혜의 선물인 것이다. 이것을 통해서만 우리는 죄 사함을 받고 우리의 죄를 억제할 뿐만 아니라 거룩하게 살아 내어야 할 용기와 지혜를 받게 되는 것이다.[61]

---

[60] 탁지일,『교회와 이단』, 104.
[61] 탁지일,『교회와 이단』, 104-105.

제9장

기독교복음선교회

1. 들어가는 말

　이단 종교 가운데 성 스캔들로 유명한 기독교복음선교회(基督教福音宣教會)의 정명석(JMS)은 시대적 사명을 띤 메시아로 통한다. 정명석은 자신의 신적인 권한으로 많은 여성 신도들을 유린하였고, 통일교 교리와 비슷한 주장을 펼쳐 신도들을 미혹하였다. 그러나 1999년 3월 20일과 7월 24일 두 차례에 걸쳐 SBS 방송의 시사고발 프로그램인 "그것이 알고 싶다"에서 정명석이 여성 신도 성 추문 사건이 드러나자 도피 행위를 일삼았다.[1]

　2009년 4월 23일 대법원은 여성 신도들을 성폭행한 혐의 등으로 구속기소 된 정명석에게 징역 10년을 선고한 원심을 확정하였다.[2] 그는 대전교도소에서 강간 등의 혐의로 수감 되기도 하였다.

　스스로를 메시아라고 주장하는 정명석의 기독교복음선교회의 산하에는 각 지역별로 지교회가 있으며, 대학별로 동아리가 조직되어 있다. 정명석이 구속수감 되었을 때 신도들은 그가 성범죄로 징역형을 받

---

[1] 현대종교 편집국, 『이단바로알기』, 226.
[2] 탁지일, 『교회와 이단』, 126.

고 있는 것이 아니라 자신들의 구원자가 감옥에서 고난을 받고 있다고 믿었다.³ 현재도 왕성하게 활동 중인 기독교복음선교회에 대하여 구체적으로 살펴보도록 할 것이다.

2. 기독교복음선교회 창시자 정명석의 프로필과 역사

정명석은 1945년 2월 3일 충남 금산군 진산면 월명동에서 태어났다. 초등학교만 졸업한 정명석은 중학교 진학을 포기하고 성경 읽기와 산기도에 열중하던 중 22세 되던 1966년 군에 입대하여 두 차례의 월남 참전 후 1969년 9월에 전역하였다.⁴

정명석은 한국 신비주의의 원조라 할 수 있는 나운몽 장로의 용문산 기도원을 전전하다가 다시 산기도 생활을 시작하였다. 그의 나이 40세가 되어 산에서 내려온 1975년 통일교에 입교하여 활동하였다.

정명석은 통일교 문선명의 시대가 끝나고 자신의 시대가 왔다고 선포한 후 1980년 서울 남가좌동에 '대한예수교장로회 애천교회'를 시작하였는데 이후 목사 안수를 받고 1983년에 '예수교대한감리회 애천교회'로 간판을 바꾸어 달았다. 이것이 기독교복음선교회의 모체가 되었다.⁵

1980년 중반, 기독교복음선교회는 국제크리스천연합으로 개칭하였고, 대학생들을 중심으로 하여 교세를 확산해 갔으며, 예수교대한감리회 진리 측 교단에서 목사 안수를 받기도 하였다. 그러나 창설 때부터 여성 신도들과의 성 추문이 끊이지 않았으며, 불법모금으로 간부들과

---

3 탁지일, 『교회와 이단』, 137.
4 현대종교 편집국, 『이단바로알기』, 226-227.
5 대전광역시 기독교연합회 이단사이비대책위원회, 『우리시대의 이단들』, 88.

의 불신의 골이 깊어졌다.[6]

그 후, 정명석의 행적은 SBS "그것이 알고 싶다"에 방영되어 최근까지도 성폭행당했다는 여성 신도들이 민·형사 소송을 제기하여 진행 중이다. 그는 외국으로 도피하여 장기체류하고 있었으며, 통일교와 유사한 성경 해석으로 시작부터 기독교 전 교단으로부터 이단 종교로 지목되었다.[7] 일명 왕당파는 지난 1999년 10월 15일 충남 유성에서 대한기독교복음선교회로 교단 명을 변경하고 표면상으로는 외국에 도피 중인 정명석과 단절한 것처럼 외부에 공표하였으나 모두 정명석의 지휘하에 움직였다.

그리고 이후 정명석은 여성 신도들을 성폭행한 혐의 등으로 2007년 중국에서 체포되어 국제 범죄인 인도에 따라 2008년 2월 국내로 강제 송환되어 조사를 받아오다가 2009년 4월 대법원은 강간 등의 혐의로 징역 10년형이 확정되어 대전교도소에 수감 되었다.[8] 그 이후 그는 2018년 2월 18일에 대전교도소에서 출소하였다.

3. JMS의 주장

통일교 교리를 그대로 복사해서 30개론[9]을 작성하여 사용하고 있는

---

[6] 대전광역시 기독교연합회 이단사이비대책위원회, 『우리시대의 이단들』, 88-89.
[7] 대전광역시 기독교연합회 이단사이비대책위원회, 『우리시대의 이단들』, 89.
[8] 현대종교 편집국, 『이단바로알기』, 228.
[9] JMS의 30개론은 변화와 수정을 거듭한 까닭에 정형화된 교리를 말하기가 쉽지 않다. 불리하면 말을 바꾸고, 새롭게 인봉을 떼었다고 말한다. 초창기 때는 통일교의 원리강론과 거의 흡사하였다. 정명석은 원리강론에 몇 가지를 첨가하여 JMS의 정체성으로 삼았다. 계시록에 나오는 두 감람나무는 시대마다 나타나는 두 사람을 말하는 것인데, 이 시대는 문선명과 정명석이라고 하였다. 문선명은 전자로서 세례요

JMS는 성경은 모두 비유와 상징으로 되어있어 오직 하나님으로부터 특별계시의 영감을 받은 정명석만이 인봉된 말씀을 풀 수 있다고 말하며, 모든 성경을 비유로 보고 있다. 대부분 모든 주장이 통일교와 유사하다.[10]

1) JMS는 삼위일체 하나님은 거짓이라고 주장한다

예수님은 아버지 성부와 어머니 성령의 관계를 통해 태어났다고 말한다. 그리고 정명석이 기도하여 김일성도 죽었고, 태풍도 비켜 갔으며, 하나님은 정명석의 기도에 따라 움직이는 신으로 전지전능하지도 않고 영원하지도 않다고 보고 있다.[11]

하지만 정통 기독교의 성경적인 주장으로는, 삼일일체 교리는 기독교 신앙에서 가장 중요한 것으로 하나님에 대한 기독교 이해의 중심이요, 모든 정통 기독교가 이 교리를 받아들이고 있다. 삼위일체 하나님은 오직 하나의 살아계신 참 하나님이 존재한다는 믿음이다. 그 하나님은 성부, 성자, 성령으로 구별되는 세 위격이시다.[12] 시편 89:26[13]에서

한이고, 자기는 후자로서 재림주라고 하였다. 현대종교, "기독교복음선교회(JMS) 30개론의 특징", http://www.hdjongkyo.co.kr/news/view.html?section=22&category=1003&no=14713. 30개론은 그들의 교리로 입문(5과목), 초급(7과목), 중급(8과목), 고급(10과목) 등 4단계로 되어 있다. 주요 내용은 성경 보는 관, 베드로와 물고기, 엘리야 까마귀밥, 태양아 멈추어라, 비유론, 삼분설 등이 주제들이다. 언제 어디서 누구와 성경공부를 하게 되더라도 이와 같은 내용을 공부한다면 그것은 JMS이다. 현재는 비유론을 빼고 20 개론으로 공부하고 있다. 한국군선교연구소,『우리가 알아야 할 이단』, 136.

10 대전광역시 기독교연합회 이단사이비대책위원회,『우리시대의 이단들』, 89.
11 대전광역시 기독교연합회 이단사이비대책위원회,『우리시대의 이단들』, 89.
12 William A. Dembski 편집,『기독교를 위한 변론』, 박찬호 역 (서울: 새물결플러스, 2016), 347.
13 "그가 내게 부르기를 주는 나의 아버지시요 나의 하나님이시요 나의 구원의 바위시라 하리로다"(시 89:26).

성부를 하나님이라고 인정한다. 요한복음 1:1[14]에서 성자를 예수님이라고 부른다. 사도행전 5:3-4[15]에서 성령을 하나님이라고 주장한다. 이처럼 삼위일체의 세 위격은 동등하며, 영원한 것이다.

2) JMS는 자신이 구세주라고 주장한다

정명석은 예수님이 육체로는 죽었고 영만으로 부활하였으며 사역도 미완성이었다고 말한다. 그래서 예수님은 자신이 그리스도인 것을 알지 못했고, 예수님보다 더 똑똑한 사람이 많았지만, 예수님이 선택되었다고 한다. 예수님과 성도의 부활은 영의 부활이며 세례 요한이 위선과 사기로 방해하여 예수님은 사명을 완수하지 못한 채 십자가에서 억울하게 일찍 죽었고 육체는 죽었으므로 영만 구원받았다고 가르친다.[16]

정명석은 인간을 구원하기 위해 하나님은 시대별로 구원자를 보내주셨다고 주장한다. 그는 자신의 책 『구원의 말씀』에서 구원자에 대하여 다음과 같이 말하였다.

> 하나님은 시대마다 구원자를 보내어 그들을 구원시켜 주셨고, 신약시대 때는 더 큰 구원과 소망을 이루도록 메시아 예수님을 세상에 보내주어 그를 믿게 함으로 그 영이 영원히 멸망치 않고 구원을 받게 하셨

---

[14] "태초에 말씀이 계시니라 이 말씀이 하나님과 함께 계셨으니 이 말씀은 곧 하나님이시니라"(요 1:1).
[15] "베드로가 이르되 아나니아야 어찌하여 사탄이 네 마음에 가득하여 네가 성령을 속이고 땅 값 얼마를 감추었느냐 땅이 그대로 있을 때에는 네 땅이 아니며 판 후에도 네 마음대로 할 수가 없더냐 어찌하여 이 일을 네 마음에 두었느냐 사람에게 거짓말한 것이 아니요 하나님께로다"(행 5:3-4).
[16] 정윤석, 『평생 이단에 빠지지 않는 복된신앙』, 98.

다. 그뿐만 아니라 하나님은 육적인 구원을 위해서 정치적으로나 사회
적으로나 과학적으로, 혹은 종교적으로 육을 보다 이상적으로 살게 하
려고 그에 해당하는 구원자를 그때마다 보내주셨다.[17]

이처럼 정명석은 통일교와 마찬가지로 구약과 신약, 그리고 성약으로 시대를 구분지으며, 각 시대마다 하나님은 메시아를 보냈다고 주장한다. 그러나 그는 한 단계 더 나아가 각 시대별 구원의 한계를 기록하며 성약에서의 구원을 완성된 구원으로 보는 것이다.

그는 예수가 3년 밖에 복음을 전하지 못하고 죽었기 때문에 다 펴지 못한 뜻을 성약 시대 때 보내진 메시아를 통해서 구원역사가 이루어진다고 말한다.[18]

그래서 자신이 사역을 완성하기 위해 이 세상에 왔다고 주장한다. 즉 자신에게 예수의 영이 재림한 것이며, 그래서 자신이 구세주인 JMS(Jesus Christ Messiah Savior & Jesus Morning Star)라고 부른다.[19] 또한, 정명석은 재림주[20]가 육체를 갖고 한국에 1945년경 태어났다고 주장하는데, 참고로 그의 출생연도가 1945년인 것이다.[21]

정명석은 선악과 비유를 하와와 천사인 뱀의 성행위라고 통일교와 똑같은 주장을 한다. 오직 예수의 영이 재림한 자신을 통해서만 죄악이 깨끗해지고 구원을 받을 수 있다고 하여 여성 신도들에 대한 성폭력을

---

17 정명석, 『구원의 말씀』(서울: 도서출판 명, 2005), 63.
18 현대종교 편집국, 『이단바로알기』, 231-232.
19 대전광역시 기독교연합회 이단사이비대책위원회, 『우리시대의 이단들』, 89.
20 엘리야의 영이 세례 요한에게 임하고 모세의 영이 예수님에게 재림하듯 재림주는 이 시대의 중심인물을 선택하여 그에게 예수님의 영으로 임하는 방식의 재림을 한다고 가르친다.
21 정윤석, 『평생 이단에 빠지지 않는 복된신앙』, 98-99.

합리화한다.[22]

그리고 그는 자신에게 예수의 영이 재림했기 때문에 자신을 통해서만 구원을 받는다고 말한다. 아마겟돈 전쟁은 영적 전쟁으로 기독교와 정명석과의 전쟁이며, 구세주인 정명석이 반드시 이긴다고 주장하며, 정통 기독교는 모두 거짓으로 정명석을 안 믿으면 이단 종교가 되고 죄인이 된다고 말한다.[23]

그는 신도들의 이성을 마비시키고 교주에게 맹종하게 하며, 자신은 메시아이므로 인간 몸의 모든 질병을 감지할 수 있다며 신체검사 명목으로 여성 성추행 및 성폭행을 자행하였다. 피해 여성은 메시아라는 생각으로 반항할 엄두를 내지 못한 것이다.[24]

하지만 정통 기독교의 성경적인 주장으로는, 구세주는 정명석이 아니라 디도서 2:13[25]에서 예수 그리스도가 하나님이신 동시에 구세주이심을 선언하고 있다. 더불어 베드로후서 1:1[26]에서도 동일한 진리로 예수 그리스도가 하나님이시요, 구세주라 가르치고 있다.

3) JMS는 정통 기독교가 문자와 교리적으로만 성경을 해석한다고 주장한다

정명석은 정통 기독교에 대하여 성경을 시대성이나 과학성을 고려

---

[22] 대전광역시 기독교연합회 이단사이비대책위원회, 『우리시대의 이단들』, 89.
[23] 대전광역시 기독교연합회 이단사이비대책위원회, 『우리시대의 이단들』, 89.
[24] 대전광역시 기독교연합회 이단사이비대책위원회, 『우리시대의 이단들』, 89.
[25] "복스러운 소망과 우리의 크신 하나님 구주 예수 그리스도의 영광이 나타나심을 기다리게 하셨으니"(딛 2:13).
[26] "예수 그리스도의 종이며 사도인 시몬 베드로는 우리 하나님과 구주 예수 그리스도의 의를 힘입어 동일하게 보배로운 믿음을 우리와 함께 받은 자들에게 편지하노니"(벧후 1:1).

하지 않고 문자적이고 교리적으로만 성경을 해석하는 등 성경을 잘못 해석하고 있다고 주장한다. 그래서 그는 마태복음 17장에서 베드로가 바다에서 물고기를 낚아 한 세겔을 건진 사건을 바다는 세상, 고기는 사람, 한 세겔은 전도된 사람이 낸 헌금이라는 식으로 해석한다.

이처럼 그는 성경의 본뜻을 완전히 왜곡하여 문장과 단어의 참 뜻을 볼 수 없게 만들었고, 결국은 정명석을 이 시대의 재림주로 만들기 위한 비유 풀이 방식의 성경공부를 진행한 것이다.[27]

하지만 정통 기독교의 성경적인 주장으로는, 성경은 비유로 읽어야 할 부분도 있다. 그러나 성경은 기본적으로 하나님께서 주신 언약의 책이다. 언약을 설명하기 위하여 비유도 있고, 교훈도 있고 율법도 있다. 그러나 그것은 언약을 명료화하기 위하여 모형과 그림자로 들어 있을 뿐이다.[28]

예수님께서 비유로 말씀하신 것은 사람들이 못 알아듣게 하려고 암호(暗號)로 하신 것이 아니라, 사람들이 못 알아들으니까 잘 알아들으라고 비유로 설명하셨던 것이다(마 13:13).

성경을 비유로 읽는다면 성경의 기록은 전부 거짓말이 되고, 허구가 되어 버린다.[29] 따라서 성경은 문자 그대로 읽어야 한다. 문자 그대로 예수님께서 동정녀에게 탄생하셨고, 문자 그대로 오병이어 기적을 일으키셨으며, 문자 그대로 물로 포도주를 만드셨고, 문자 그대로 물 위를 걸으셨다.

이처럼, 재림 때도 문자 그대로 구름 타고 오시는 것이다. 그러나 구

---

[27] 정윤석, 『평생 이단에 빠지지 않는 복된신앙』, 98.
[28] 현대종교, "기독교복음선교회(JMS) 30개론의 특징", http://www.hdjongkyo.co.kr/news/view.html?section=22&category=1003&no=14713.
[29] 현대종교, "기독교복음선교회(JMS) 30개론의 특징", http://www.hdjongkyo.co.kr/news/view.html?section=22&category=1003&no=14713.

름을 비유로 읽는다면, 구름을 사람의 육체나 영으로 해석하면서 누구나 자기를 구름 타고 온 재림 예수라고 속일 수 있다.[30]

4) JMS는 성령이 실패하였다고 주장한다

정명석은 유대교가 영적인 실패자이고, 신약 시대에 성령은 실패하였으며, 따라서 기독교는 영적인 실패자이며 희망이 없다고 말한다.

반면 정명석 자신은 요시아 왕 같이 하나님이 보낸 자이기 때문에 기독교가 자기에게 무릎을 꿇을 것이라는 해괴한 주장으로 정통 기독교를 모독하고 비난하는 등 대부분 이단 종교처럼 정통 기독교를 부인하고 부정하고 비난하는 전형적인 모습을 보여 주고 있다.[31]

하지만 정통 기독교의 성경적인 주장으로는, 누가복음 1:35[32]와 로마서 15:19,[33] 그리고 고린도전서 2:10[34]과 히브리서 9:14[35]에서 성령은 오직 하나님에게만 속하는 속성들을 가지고 있는 분으로 묘사되고 있다.

---

[30] 현대종교, "기독교복음선교회(JMS) 30 개론의 특징", http://www.hdjongkyo.co.kr/news/view.html?section=22&category=1003&no=14713.
[31] 정윤석, 『평생 이단에 빠지지 않는 복된신앙』, 98.
[32] "천사가 대답하여 이르되 성령이 네게 임하시고 지극히 높으신 이의 능력이 너를 덮으시리니 이러므로 나실 바 거룩한 이는 하나님의 아들이라 일컬어지리라"(눅 1:35).
[33] "표적과 기사의 능력으로 성령의 능력으로 이루어졌으며 그리하여 내가 예루살렘으로부터 두루 행하여 일루리곤까지 그리스도의 복음을 편만하게 전하였노라"(롬 15:19).
[34] "오직 하나님이 성령으로 이것을 우리에게 보이셨으니 성령은 모든 것 곧 하나님의 깊은 것까지도 통달하시느니라"(고전 2:10).
[35] "하물며 영원하신 성령으로 말미암아 흠 없는 자기를 하나님께 드린 그리스도의 피가 어찌 너희 양심을 죽은 행실에서 깨끗하게 하고 살아 계신 하나님을 섬기게 하지 못하겠느냐"(히 9:14).

아울러 창세기 1:26-27[36]과 욥기 33:4[37]와 요한복음 3:5-6,[38] 베드로후서 1:21[39]에서 성령은 실패자가 아니라 하나님이시며, 하나님의 일을 하시는 분이신 것이다.

5) JMS는 인간에 대해 통일교의 타락론을 주장한다

정명석은 아담을 흙으로 지으셨다는 것은 비유이고, 아담과 하와는 그 부모로부터 태어났다고 주장한다. 인류의 타락은 하와가 사탄과 성적 관계를 맺은 것이라는 통일교의 타락론을 그대로 가르치고 있다.[40]

하지만 정통 기독교의 성경적인 주장으로는, 인간이 하나님의 창조로 존재하게 되었다고 믿는다. 인간은 오직 하나님의 형상에 따라 지음을 받았다. 하나님은 영(靈)이시기 때문에 하나님의 형상으로 인간을 육체의 모양이 아니라 영의 모습으로 만드셨다.[41] 창세기 2:7[42]에서 인간은 다른 동물과 마찬가지로 흙으로부터 왔으며, 동물과는 달리 그 코에 생기를 불어넣으시니 사람이 생령(生靈)이 되었다.

---

[36] "하나님이 이르시되 우리의 형상을 따라 우리의 모양대로 우리가 사람을 만들고 그들로 바다의 물고기와 하늘의 새와 가축과 온 땅과 땅에 기는 모든 것을 다스리게 하자 하시고 하나님이 자기 형상 곧 하나님의 형상대로 사람을 창조하시되 남자와 여자를 창조하시고"(창 1:26-27).

[37] "하나님의 영이 나를 지으셨고 전능자의 기운이 나를 살리시느니라"(욥 33:4).

[38] "예수께서 대답하시되 진실로 진실로 네게 이르노니 사람이 물과 성령으로 나지 아니하면 하나님의 나라에 들어갈 수 없느니라 육으로 난 것은 육이요 영으로 난 것은 영이니"(요 3:5-6).

[39] "예언은 언제든지 사람의 뜻으로 낸 것이 아니요 오직 성령의 감동하심을 받은 사람들이 하나님께 받아 말한 것임이라"(벧후 1:21).

[40] 정윤석, 『평생 이단에 빠지지 않는 복된신앙』, 99.

[41] 성기호, 『이야기 신학』(서울: 국민일보사, 1997), 129.

[42] "여호와 하나님이 땅의 흙으로 사람을 지으시고 생기를 그 코에 불어넣으시니 사람이 생령이 되니라"(창 2:7).

다시 말해, 인간은 육과 영혼을 가지게 되었다. 영혼은 하나님의 형상을 따라 지어졌으며, 육은 흙으로부터 만들어졌다. 인간의 모든 육과 영혼은 하나님의 창조 산물이다.[43] 그래서 육은 언젠가는 병들어 죽지만 영혼은 불멸하여 존귀하신 하나님의 형상을 따라 창조되었다는 것을 믿는다.

그래서 하나님의 피조물인 인간은 창조주이신 하나님을 경외하며, 하나님의 뜻을 따라 살아야 삶의 보람도 있고 영원한 삶을 누리게 되는 것이다.[44]

4. JMS의 포교활동

1) JMS는 기독교복음선교회를 통해 포교한다

기독교복음선교회(Christian Gospel Mission)는 현재 JMS 단체가 사용하는 정식 명칭이다. 대부분 대학에서는 CGM이라는 동아리 명으로 활동하고 있으며, 대학 캠퍼스를 주 활동 무대로 하고 있다. 주로 문화, 예술, 스포츠 등과 관련한 취미 코드로 대학생들에게 접근한다. CGM은 여행, 운동, 취미 동아리로 위장하여 활동하였으며, 연결된 사람에게 성경공부를 요구하여 이후 JMS 단체로 포교하고 있다.[45]

인터넷 사이트 "기독교복음선교회"에는 정명석의 생애와 사상을 알리고 있으며, 단체 사역을 소개하므로 사회에 노출된 정명석의 부정적

---

[43] 성기호, 『이야기 신학』, 129-130.
[44] 성기호, 『이야기 신학』, 131.
[45] 현대종교 편집국, 『이단바로알기』, 235-236.

인 이미지를 쇄신시키기 위해 변증의 장을 개설하여 더 나아가 일부 언론에 보도된 그의 긍정적인 기사를 홍보하고 있다.[46]

2) JMS는 대학 동아리를 통해 포교한다

대학가에서 활동하고 있는 JMS 동아리들은 가증스럽게 자신들은 JMS와 무관하다고 거짓말을 하거나 이름을 바꾸고 있으며, 다른 동아리에 단체로 가입하여 동아리를 잠식하고 있다.[47] 전국대학에서 활동 중인 JMS 동아리는 다음과 같다.

건국대학교(고들 빛), 경북대학교(BOB), 고려대학교(하늘과 땅, 껍질깨기[이공], ICEL), 광운대학교(가마솥), 단국대학교(백설회), 대구대학교(아기자기), 대전산업대학교(HIT), 동아대학교(하단캠퍼스-만화동아리, 구덕캠퍼스-음악동아리), 마산창원전문대학교(JMS), 부산대학교(신앙과예술), 서울대학교(오손도손-제명됨), 서원대학교(보라매), 세종대학교(TRUE EYES), 성신여자대학교(등대), 숙명여자대학교(댄스댄스), 연세대학교(ICEL, 현재 JMS로부터 분리 됨), 영남대학교(고운회, 불티나), 이화여자대학교(ICEL), 인하대학교(FAS), 전남대학교(예술과 신앙), 조선대학교(새벽별, 신앙과 예술), 충남대학교(에버그린, 열정응원단, 느티나무), 충북대학교(예수사랑, 불새응원단), 한국외국어대학교(빛을 찾는 사람들), 한양대학교(탁구부), 효성가톨릭대학교(불꽃)이다. 이 외에 경성대학교, 수산대학교, 동서공과대학, 경희대학교에서 JMS 위장 동아리들이 제명되었다.[48]

---

[46] 현대종교 편집국, 『이단바로알기』, 236.
[47] 대전광역시 기독교연합회 이단사이비대책위원회, 『우리시대의 이단들』, 90.
[48] 현대종교, "기독교복음선교회(JMS) 30개론의 특징", http://www.hdjongkyo.co.kr/news/view.html?section=22&category=1003&no=14713.

더 놀라운 것은 육사 생도들을 포섭하기 위해 JMS는 여대생들을 소개하고 결혼시키는 활동을 10여 년간 실시하였다. 현재 수 십 명의 현역 장교들이 JMS를 믿고 있는 상황이다. 하지만 자신을 JMS로 기록하기보다 기독교로 기록하여 자신들을 감추고 있다.[49]

3) JMS는 기업체를 통해 포교한다

JMS는 주식회사 정다운, 바이오톤 특수 미용비누 판매를 통해 포교활동을 펼치고 있다.[50]

4) JMS는 문화 아카데미를 통해 포교한다

JMS는 청년들을 포교하는 데 중점을 두고 있으며, 젊은 감각에 맞는 포교 방법을 동원하고 있다. 그들은 각 교회마다 문화 아카데미를 운영하여 악기연주, 여행, 축구교실, 봉사, 모델 등 다양한 장르를 소개해 청년들의 흥미를 유발하는 등 이목을 집중시키고 있다.[51]

5) JMS는 예술과 모델 활동을 통해 포교한다

JMS는 전문예술단인 '일출예술단'과 모델 전문 양성기관인 '스타모델단'을 운영한다. 이러한 예술단과 모델단을 통해 청년들을 포교하며, 대외적으로 JMS 단체를 통해서 적극적으로 홍보하고 있다.

---

49 한국군선교연구소, 『우리가 알아야 할 이단』, 120.
50 대전광역시 기독교연합회 이단사이비대책위원회, 『우리시대의 이단들』, 92.
51 현대종교 편집국, 『이단바로알기』, 236.

특히 JMS에서 발간한 잡지 「알아라 山」에 의하면, '일출예술단'은 경음악, 국악, 오케스트라, 뮤지컬, 현대무용, 재즈댄스 등 40여 개 부분에서 전국 5,000명의 회원이 활동하고 있다.[52] 그리고 '스타모델단'은 개성계발이라는 기치 아래 전국 대도시를 중심으로 세계 15개국에서 500여 명의 모델들이 활동하고 있다. 예술성과 스타성을 띤 활동은 성장기에 있는 학생들과 청년들의 흥미와 감각을 자극하기에 충분하다.[53]

6) JMS는 봉사 활동을 통해 포교한다

대외적으로 활발하게 봉사 활동을 전개하고 있는 JMS는 기독교복음선교회 인터넷 사이트에서 CGM 전국자원봉사단에 대해 "그리스도의 사랑을 실천하자는 이념으로 인류가 지향하는 사랑과 평화를 실현하고자 설립되었다"고 그 취지를 밝히고 있다.

그리고 JMS 발간 잡지 「알아라 山」에는 봉사 활동을 통한 수상내역을 홍보하고 단체의 공적을 치하하며, 긍정적인 이미지를 부각시키고 있다.[54] 더 나아가 JMS는 "가정평화실천본부, 하나사랑회, 실천사랑 자원봉사단, 평화의료봉사단, 사단법인 밝은미소운동본부"[55] 등의 사업명

---

52 현대종교 편집국, 『이단바로알기』, 236-237.
53 현대종교 편집국, 『이단바로알기』, 237.
54 현대종교 편집국, 『이단바로알기』, 237-238.
55 밝은미소운동본부는 2003년 문화관광부 비영리민간단체로 등록해 본격적인 해외 봉사 활동을 시작하였다. JMS는 이 본부가 해외 NGO들과의 교류를 통해 한국의 위상과 이미지를 고취시킨다며 세계친절운동본부, 스마일코리아 홍보사절단, 한국 체험행사 등을 진행한다. 이 행사들은 모두 종교 색을 띠고 있지 않아 JMS 측 행사임을 알리는 적극적인 홍보와 주의가 요구된다. 현대종교 편집국, 『이단바로알기』, 247. 현재 밝은미소운동본부는 미국, 호주, 일본, 이탈리아, 스위스, 인도, 영국, 태국, 나이지리아, 파키스탄, 네팔, 프랑스, 한국, 일본 등 15개국 25개 단체와의 친절교류활동을 펼치고 있다.

을 홍보하여 단체 이미지를 쇄신하고 있으며, 건전한 단체임을 부각하고 있다.[56]

5. 나가는 말

결론적으로, 기독교복음선교회는 창설 초기부터 통일교와 유사한 성경 해석으로 인해 기독교 전 교단으로부터 이단 종교시 되었다. 그뿐만 아니라 정명석의 큰 문제는 무엇보다 자기를 재림주로 신격화하는 것과 여성 신도들과의 성 문제이다.[57] 이단 종교로 낙인찍힌 JMS는 신도들의 그를 향한 철저한 믿음과 수행원들의 교묘한 계략으로 빠른 시일동안 다시 회복세에 들어서기 시작하였다.[58]

JMS의 규모는 전국에 400여 개 교회와 약 3만 명의 신도에 이른다. 현재 외부에 드러나지 않도록 위장하고 교회를 만들어 포교활동에 열정적이다. 최근에 JMS는 '대한예수교장로회' 등 국내 정통 기독교 교단 명을 그대로 사용하고 있어 일반 교인들을 교란하고 있다.[59] 신도의 80%가 대학생과 청소년이라는 것이 무엇보다 큰 문제점이다. 그들은 재즈와 스포츠 등 문화 동아리를 개설하여 대학생과 청소년들을 모집하고 오랫동안 가족처럼 잘해 주며 환심을 산 후, 서서히 핵심교리 30개론을 교육하여 JMS 신도로 가입의 단계를 거치게 한다.[60]

---

[56] 현대종교 편집국, 『이단바로알기』, 238.
[57] 대전광역시 기독교연합회 이단사이비대책위원회, 『우리시대의 이단들』, 92.
[58] 현대종교 편집국, 『이단바로알기』, 241.
[59] 현대종교 편집국, 『이단 바로 알기』, 238-239.
[60] 대전광역시 기독교연합회 이단사이비대책위원회, 『우리시대의 이단들』, 92.

한국교회는 JMS의 차후 변화된 행보와 위장 활동에 통일교 원리강론에 기초한 30 개론과 교단 명과 문화와 예술 활동, 봉사 활동, 정기간행물에 주의를 기울이고 특히 청년들의 포교를 예방하기 위한 신중한 대처 방안이 요구되고 있다.[61]

사실 이단 종교의 문제는 예방이 최선책이다. 이에 대하여 현재 현대종교 이사장이며, 부산장신대학교 교회사 교수인 탁지일은 이단 종교의 예방책에 대하여 다음과 같이 말하였다.

> 의심할 여지 없이 이단 사이비 종교 관련 문제의 예방을 위해서는 교회가 가장 효과적인 영향력을 가지고 있다. 교회는 사건 발생 전에도 그 문제점을 간파하고 예방적 차원에서 대처할 수 있는 기능이 있다. 그렇기에 이단이 문제라면 교회가 답이다.[62]

특히 재즈나 스포츠 등 청소년의 코드에 맞는 문화 동아리로 청소년들을 미혹하기 때문에 정통 기독교 교인들의 자녀는 들어갈 동아리 선택에 신중해야 하며, 교회들은 대학생들이 미혹되지 않도록 지도해야 할 것이다.[63]

---

[61] 한국군 선교연구소, 『우리가 알아야 할 이단』, 136-137.
[62] 탁지일, 『교회와 이단』, 141.
[63] 현대종교 편집국, 『이단바로알기』, 242.

제10장

예수그리스도후기성도교회

1. 들어가는 말

역사상 미국과 세계적으로 가장 빠른 성장을 보이는 이단 종교는 공식적으로 예수그리스도후기성도교회(The Church of Jesus Christ of Latter-day Saints)로서 한국에서는 몰몬교로 알려져 있다.[1]

미국의 정통 기독교 중에서 가장 큰 규모의 교파는 미국남침례교회이며, 그 뒤를 이어 연합감리교회이다. 그 다음으로 이단 종교인 몰몬교는 미국장로교회보다도 규모가 크고, 식민지 개척 초기에 영향력을 가지고 있던 성공회는 소수 교단이 되었다.[2] 2011년 "미국교회협의회와 캐나다 교회 연감"에 의하면, 기존의 정통 기독교들의 규모는 감소하고 있지만, 반면 이단 종교로 분류되고 있는 몰몬교와 안식교, 그리고 여호와의증인 등의 교세는 증가하고 있는 것으로 보고되었다.[3]

미국에서 유입된 이단 종교로서 현재 한국사회에서 가시적인 활동을 펼치면서 가정과 윤리를 강조하고 한국전쟁 당시 미군들에 의해 전

---

1 Fritz Ridenour, 『무엇이 다른가?』, 152.
2 탁지일, 『이단』, 219.
3 탁지일, 『이단』, 219-220.

래된 몰몬교와, 의료와 출판 그리고 교육 분야에서 두각을 나타내고 있는 안식교, 그리고 집집마다 방문하며 공원에서 적극적인 포교활동으로 유명한 여호와의증인은 기독교인들에게 적극적인 포교활동을 펼치고 있다.[4]

몰몬교의 네 가지 경전 중 하나인 『교리와 성약』(The Doctrine & Covenants)[5]에서 예수그리스도후기성도교회의 명칭에 관한 유래에 대하여 언급하고 있다.

> 시온에 있는 나의 교회의 고등평의회에 속하는 나의 충실한 종들과 온 세상에 널리 퍼져 있는 예수그리스도후기성도교회의 모든 장로와 교회 회원들아, 나의 교회는 마지막 날에 예수그리스도후기성도라 불리우리라.[6]

이처럼 자신들만이 기독교인들로 한정하고 유일하고 참된 예수 그리스도의 교회라고 주장하고 있는 몰몬교에 대하여 살펴보자.

2. 몰몬교 창시자 조셉 스미스 2세의 프로필과 역사

몰몬교의 창시자인 조셉 스미스 2세(Joseph Smith, Jr, 1805-1877)는 1805년 12월 23일 미국 버몬트(Vermont) 주 샤론(Sharon)에서 아버지

---

[4] 탁지일, 『이단』, 221.
[5] 교리와 성약은 소위 하나님이 조셉 스미스 2세에게 계시해 주었다는 많은 내용을 담고 있다.
[6] 탁지일, 『교회와 이단』, 144-145.

조셉과 어머니 루사 맥 스미스 사이에서 태어났다. 그는 열 명의 형제 중 넷째로 그의 가족은 1817년 뉴욕(New York) 주의 현재 로체스터 근처인 팔미라(Palmyra)로 이주하였다.[7]

스미스의 가족은 팔미라로 이주해 오자마자 장로교회에 등록하였으나 어린 스미스만은 교회를 결정하지 않았다. 당시 그는 여러 교파들 사이에서 야기되는 모든 논쟁과 긴장들이 자신에게 과연 어떤 교파가 옳은지에 대한 의문을 던져 주었다.[8] 미국에서 제2차 대각성 운동이 일어났을 때, 뜨거운 대각성 운동의 열기로부터 긍정적인 영향을 받기도 했지만, 한편으로는 장로교, 감리교, 침례교 등의 경쟁적인 교파주의의 부정적인 영향도 이 대각성 운동을 통해 경험되었다.

이러한 경험은 몰몬교 설립의 중요한 원인이 되었는데, 즉 대각성 운동은 감수성이 예민한 십대 중반의 스미스에게 종교적 열정을 심어 주었다.[9] 이때 스미스는 교파주의의 부정적인 면들을 경험하게 된다. 그는 몰몬교의 교리서 중 하나인 『값진 진주』(Pearl of Great Price)에서 당시 교파 간의 경쟁과 갈등에 대하여 다음과 같이 말하였다.

> 혹자는 '여기를 보라'고 외치는가 하면, 또 다른 사람은 '저기를 보라'고 외치며, 어떤 사람들은 감리교회의 교리를 지지하였고, 또 다른 사람은 장로교회, 또 다른 사람은 침례교회의 교리를 지지하면서 논쟁을 벌였습니다.[10]

---

[7] Josh McDowell & Don Stewart, 『이단종파』, 97.
[8] Josh McDowell & Don Stewart, 『이단종파』, 97.
[9] 탁지일, 『이단』, 223-224.
[10] 현대종교, "단체정보: 예수그리스도후기성도교회(몰몬교)", http://www.hdjongkyo.co.kr/main/sub/news_index_detail.html?section=42264&category=42265&num=74.

기독교 2000년의 역사에서 보면, 교회의 부흥기는 곧 이단의 발흥기와 일치한다는 사실을 알 수 있다. 부정적 교파주의의 영향은 스미스를 점점 혼란스럽게 만들었고, 그는 하나님의 인도를 간구하게 되었다.[11]

어느 교파에 소속되어야 할지를 고민하던 그는 14세 때, 환상 중에 두 사람을 성부와 성자라고 믿었고, 이것으로써 몰몬교의 이야기는 시작되었다. 그는 어느 기독교 교파에 소속되어야 할지에 대해 그들에게 물었고, 모든 교파는 타락했기 때문에 그 어느 교파에도 가입하지 말라는 음성을 듣게 되었다.[12]

이러한 환상을 주변 사람들에게 말한 후에, 스미스는 더 많은 어려움을 겪게 되었다. 스미스는 이러한 핍박에도 불구하고 그의 환상에 대한 증언은 계속되었다.[13] 1823년, 17세에 그는 하나님으로부터 보냄을 받은 천사 모로나이(Moronai)가 나타난 황금판들로 된 책에 대해 말하는 것을 보았다. 계속되는 환상을 통해 그는 1827년 9월 22일 『몰몬경』의 내용이 기록된 금판을 발견하였고, 이것을 번역하여 1830년 3월에 『몰몬경』을 출판하게 되었다.[14]

그리고 마침내 1830년 4월 6일 뉴욕 주 파이엇(Fayette)에 측근 6명과 함께 몰몬교를 공식적으로 설립하였다. 이후, 1831년에서 1834년까지 그는 오하이오 주와 미조리 주, 그리고 일리노이 주에 몰몬교 거점들로 삼아 그의 교회를 확장하였다. 그리고 1840년 스미스는 일리노이 주

---

[11] 현대종교, "단체정보: 예수그리스도후기성도교회(몰몬교)", http://www.hdjongkyo.co.kr/main/sub/news_index_detail.html?section=42264&category=42265&num=74.
[12] Fritz Ridenour, 『무엇이 다른가?』, 154.
[13] 현대종교, "단체정보: 예수그리스도후기성도교회(몰몬교)", http://www.hdjongkyo.co.kr/main/sub/news_index_detail.html?section=42264&category=42265&num=74.
[14] 현대종교, "단체정보: 예수그리스도후기성도교회(몰몬교)", http://www.hdjongkyo.co.kr/main/sub/news_index_detail.html?section=42264&category=42265&num=74.

나부(Nauvoo)에 몰몬교 신도들을 위한 번화한 도시를 건설하였고, 나부는 그 당시 몰몬교의 중심이 되었다.[15]

거기서 그는 하나님, 인류의 기원과 운명, 영원한 진보, 죽은 자를 위한 세례, 일부다처제, 성전 규례 등의 계시들을 제시하였다. 일부다처제에 관한 그의 계시는 1848년 8월 12일에 발표된 적이 있었는데, 거기에는 그의 첫 아내인 엠마에 대한 위협도 포함되어 있었다. 그는 엠마에게 하나님에 대하여 말하기를, "내 종 조셉에게 주어지는 모든 이들을 다 받아들이라"고 하였다. 이렇게 그녀가 일부다처제 개념을 거부한다면 파멸당할 것이라고 위협했다.[16]

그런데 몰몬교 신도들이 대다수였던 나부시에서 스미스는 예상치 않았던 어려움을 겪게 된다. 이러한 어려움은 그의 일부다처제 주장으로 인해 야기되었는데, 나부시의 시장은 그 후에는 대통령 후보로 출마할 정도로 절대적인 영향력을 행사하던 사람이었다. 스미스는 자신의 일부다처제를 비판한 지역신문사인 「나부 익스포지터」를 파괴하라는 명령을 내렸다.[17] 이로 인해, 스미스는 1844년 6월 12일에 그의 동생 하이럼(Hyrum) 등과 함께 체포된다. 그리고 그렇게 갇혀 있는 동안 그는 일단의 반대자들에 의해서 1844년 6월 27일 살해되었다.

하지만 스미스의 죽음은 몰몬교의 종말이 아니라 새로운 시작을 의미하였고, 그 후로 스미스와 그가 받았다고 하는 계시들은 몰몬교의 절대적이고 중요한 교리가 되었다.[18]

---

[15] Fritz Ridenour, 『무엇이 다른가?』, 155.
[16] Fritz Ridenour, 『무엇이 다른가?』, 155.
[17] 현대종교, "단체정보: 예수그리스도후기성도교회(몰몬교)", http://www.hdjongkyo.co.kr/main/sub/news_index_detail.html?section=42264&category=42265&num=74.
[18] 현대종교, "단체정보: 예수그리스도후기성도교회(몰몬교)", http://www.hdjongkyo.co.kr/main/sub/news_index_detail.html?section=42264&category=42265&num=74.

스미스가 죽은 후, 브라이엄 영(Brigham Young, 1801-1877)이 몰몬교의 새로운 지도자가 되었다. 스미스의 충실한 추종자인 영은 1801년 6월 1일 버몬트 주 휘팅엄(Whitingham)에서 태어났다.

스미스처럼 영은 버몬트 주와 뉴욕 주에서 그의 유년기를 보냈다. 그는 고작 2달 동안만 정규적인 학교교육을 받았을 뿐, 그 뒤로는 거친 일을 하며 살았다. 영은 스미스의 친형을 통해 몰몬교에 입교하게 되고, 1832년 4월 14일 몰몬교 신도가 되기 위한 세례를 받았다. 그 후, 그는 몰몬교의 설교자, 전도자, 선교사로 활동하였으며, 얼마 후 몰몬교의 장로가 되었다.[19] 영은 오하이오 주 커크랜드(Kirkland)에서 스미스를 처음 만났고, 몰몬교가 십이사도위원회를 구성했을 때, 스미스에 이어 제2인자의 위치를 차지하게 된다. 영은 스미스를 도와 나부의 건설에 힘을 쏟는 한편, 1839년에서 1841년까지 영국에서 선교사로 사역하면서 약 70,000여 명의 미국이민을 주선한다.

1841년에 미국으로 돌아온 후, 스미스가 죽자 영은 몰몬교의 지도자로 선출된다. 이때 영은 핍박을 피하고자 나부를 떠나기로 하고, 1848년 9월 20일 몰몬교 신도들을 이끌고 유타 주 솔트레이크시티로 이주하게 된다.[20]

스미스처럼 영도 절대적 영향력을 가진 영적 지도자인 동시에 정치 지도자였다. 그는 공개적으로 일부다처제를 지지하였다. 하지만 아브라함 링컨 대통령이 반 일부다처 법률을 제정한 후 이로 인해 1863년 체포되었다. 몰몬교 신도들을 솔트레이크 계곡에 성공적으로 정착하도록 이끈

---

[19] 현대종교, "단체정보: 예수그리스도후기성도교회(몰몬교)", http://www.hdjongkyo.co.kr/main/sub/news_index_detail.html?section=42264&category=42265&num=74.
[20] 현대종교, "단체정보: 예수그리스도후기성도교회(몰몬교)", http://www.hdjongkyo.co.kr/main/sub/news_index_detail.html?section=42264&category=42265&num=74.

영은 조셉 스미스의 이름을 부르며 1877년 8월 29일 사망하였다.[21]

2013년 통계에 의하면, 몰몬교의 전 세계 신도 수가 1,500만 명을 넘었으며, 미국에서의 신도 수는 2013년에 650만 명 정도로 보고되었다. 그러나 이 숫자는 침례 받고 개종하여 교회를 그만둔 회원 및 비활동 회원 모두 포함된 숫자로 실제 활동 회원 수는 500만 명으로 추정되고 있다.[22]

3. 한국 몰몬교의 역사

한국 몰몬교는 한국전쟁 기간 미국을 통해 부산에서 본격적으로 포교 되었다. 미국인을 중심으로 하여 모임을 가지면서 한국인들을 포교하였다. 그 후, 미국 코넬대학교에서 유학하던 중 한국인 최초로 몰몬교 신도가 된 김호직(金浩稙, 1905-1959)은 몰몬교를 한국에 적극적으로 소개하였다. 이후 문교부 차관까지 지낸 그는 몰몬교가 한국에 설립되는데 가장 큰 공헌을 했으며, 그의 가족들은 1952년 몰몬교의 첫 수세자들이 되었다.[23]

한국전쟁 혼란기, 몰몬교는 대구와 부산 등지에서 영어 공부와 함께 모임이 이루어졌고 수세자들이 늘어났다. 이때, 미국 군목인 스펜서 파머는 몰몬교 선교사로 활동했는데, 한국학에 관한 많은 연구를 진행한 것으로도 알려졌다.[24]

---

21 현대종교, "단체정보: 예수그리스도후기성도교회(몰몬교)", http://www.hdjongkyo.co.kr/main/sub/news_index_detail.html?section=42264&category=42265&num=74.
22 나무위키(https://namu.wiki), "예수그리스도후기성도교회".
23 탁지일, 『교회와 이단』, 156.
24 탁지일, 『교회와 이단』, 156.

한국전쟁 이후, 1955년 8월 2일 십이사도정원회의 회장이었던 조셉 스미스가 한국으로 방문한 것을 계기로 일본의 몰몬교 선교부에서 한국에 선교사를 파송하였다. 이때 한국에 지방부가 조직되면서 김호직이 초대 지방부장으로 임명되었다. 이후 한국에는 많은 몰몬교 선교사들이 한국에 파송되었고, 1956년 6월 3일에 한국지방부 서울지부가 조직되었으며, 1962년 7월에 한국선교부가 조직되었다.[25]

1967년 3월에 한국어판 『몰몬경』이 출판되어 배포되었다. 그리고 1968년 10월에 『교리와 성약』과 『값진 진주』 한국어 합본이 번역 출간되었으며, 1970년에 한국어 찬송가가 번역 출판되었다. 이후 몰몬 태버내클 합창단 등의 문화 단체들이 한국을 방문해서 문화를 통한 포교에 힘을 쏟았고, 마침내 1985년 12월 14일에 아시아에서 최초로 서울성전을 건립하기 이르렀다.[26]

현재 한국 몰몬교의 유일한 성전은 서울 서대문구 창천동에 있다. 장로교 목사였다가 몰몬교로 개종한 김산 씨가 성전건립을 결정하는 데 중요한 역할을 해 1985년 12월 14일에 헌납되었다.[27] 2013년 통계에 의하면, 한국의 몰몬교 신도 수가 86,719명에 달한다. 전국에 몰몬교 교회 숫자는 총 126개로 교회 하나 당 평균 555명의 신도가 있는 셈이다.[28]

---

[25] 탁지일, 『교회와 이단』, 156-157.
[26] 탁지일, 『교회와 이단』, 157.
[27] 교회와신앙, "몰몬교", http://www.amennews.com/news/articleView.html?idxno=9616.
[28] 나무위키(https://namu.wiki), "예수그리스도후기성도교회".

4. 몰몬교의 주장

몰몬교는 예수 그리스도에 의해 세워진 참된 교회의 회복이라고 주장한다. 그리고 조셉 스미스를 믿지 않고는 구원받을 수 없다고 주장하나 신빙성이 없는 것이다.[29]

1) 몰몬교는 13개 조의 신조를 믿는다고 주장한다

몰몬교는 조셉 스미스가 작성했던 13개 조의 신조를 믿는다. 13개 조로 이루어진 신앙개조는 다음과 같다.[30]

제1조. 우리는 영원하신 아버지 하나님과 그의 아들 예수 그리스도와 성신을 믿는다.

제2조. 우리는 사람이 자기 자신이 범한 죄에 대하여 형벌을 받고 아담의 허물로 인하여 형벌을 받지 아니한다.

제3조. 우리는 그리스도의 속죄를 통하여 인류가 복음의 법과 의식을 지킴으로써 구원받을 수 있음을 믿는다.

제4조. 우리는 복음의 첫째 되는 원리와 의식은 첫째 주 예수 그리스도를 믿는 신앙, 둘째 회개, 셋째 죄 사유함을 위한 침수로서의 침례, 넷째 성신의 은사를 받기 위한 안수례임을 믿는다.

제5조. 우리는 사람이 복음을 전파하며 또한 복음의 의식을 집행하기 위해서는 예언과 권능 있는 자의 안수에 의하여 하나님으로부터 부름을 받아야 할 것을 믿는다.

---

[29] Josh McDowell & Don Stewart, 『이단종파』, 102-103.
[30] 나무위키 (https://namu.wiki), "예수그리스도후기성도교회".

제6조. 우리는 초대교회에 있었던 것과 똑같은 조직 즉 사도, 예언자, 감독, 교사, 축복사 등이 교회에 있어야 될 것을 믿는다.

제7조. 우리는 방언의 은사, 예언의 은사, 계시와 시현을 받는 은사, 병 고치는 은사 및 방언을 통변하는 은사 등을 믿는다.

제8조. 우리는 성경이 정확하게 번역된 한 하나님의 말씀임을 믿고 또한 『몰몬경』도 하나님의 말씀임을 믿는다.

제9조. 우리는 이제까지 계시하신 모든 것, 지금 계시하고 계시는 모든 것과 앞으로도 하늘나라에 관하여 위대하고 중대한 것을 많이 계시하실 것을 믿는다.

제10조. 우리는 이스라엘 민족이 문자 그대로 집합하고 그 열지파가 회복될 것을 믿는다. 우리는 이 대륙(미국)에 시온이 건설되며 그리스도께서는 친히 지상을 다스리시고 땅은 새로워져서 낙원의 영광을 받게 될 것을 믿는다.

제11조. 우리는 자기 양심의 지시에 따라 전능하신 하나님을 예배할 특권이 있음을 주장하며 또 사람마다 그가 원하시는 대로 어디서나 어느 모양으로나 혹은 무엇이라도 예배할 수 있는 똑같은 특권이 허용됨을 주장한다.

제12조. 우리는 왕, 대통령, 통치자 장관에게 순종함을 믿으며 또한 법률을 존중하고 지키며 지지함을 믿는다.

제13조. 우리는 정직, 진실, 순결, 인자, 유덕 그리고 만인에게 대한 선행을 믿는다. 진실로 바울의 훈계를 뒤 따른다 할 수 있으니 우리는 모든 것을 믿으며 모든 것을 바라며 이에 모든 것을 참아왔으니, 모든 것을 참을 수 있기를 원한다. 무엇이든지 유덕하고 사랑할 만하고 듣기 좋으며 칭찬할 만한 일이 있으면 우리는 이것들을 구하며 나아간다.

하지만 정통 기독교의 성경적인 주장으로는, 어쨌든 우리는 인생이 죽음 이후에 심판을 받고 영생과 영벌의 삶을 살아갈 것을 믿는다. 마태복음 5:22[31]과 마가복음 9:43-47[32]에서 악인은 지옥, 곧 영원한 불 못에 던져진다(마 9:43). 그러나 요한계시록 21:3[33]에서 의인은 영원한 하나님의 나라에서 하나님의 백성으로 살게 된다. 요한계시록 21:7[34]에서 의인은 하나님의 상속자들로서 살게 된다. 요한계시록 22:5[35]에서 의인은 왕처럼 살게 된다는 것이다.[36]

2) 몰몬교는 네 가지 경전이 하나님의 말씀이라고 주장한다

몰몬교는 네 권의 경전들을 신앙의 기초로 삼고 있다. 『성경』 외에 『몰몬경』과 『교리와 언약들』, 그리고 『값진 진주』에 하나님의 말씀이 담겨 있다고 믿는다. 그래서 몰몬교는 성경적인 정경이 종결되지 않았

---

[31] "나는 너희에게 이르노니 형제에게 노하는 자마다 심판을 받게 되고 형제를 대하여 라가라 하는 자는 공회에 잡혀가게 되고 미련한 놈이라 하는 자는 지옥 불에 들어가게 되리라"(마 5:22).

[32] "만일 네 손이 너를 범죄하게 하거든 찍어버리라 장애인으로 영생에 들어가는 것이 두 손을 가지고 지옥 곧 꺼지지 않는 불에 들어가는 것보다 나으니라 만일 네 발이 너를 범죄하게 하거든 찍어버리라 다리 저는 자로 영생에 들어가는 것이 두 발을 가지고 지옥에 던져지는 것보다 나으니라 만일 네 눈이 너를 범죄하게 하거든 빼버리라 한 눈으로 하나님의 나라에 들어가는 것이 두 눈을 가지고 지옥에 던져지는 것보다 나으니라"(막 9:43-47).

[33] "내가 들으니 보좌에서 큰 음성이 나서 이르되 보라 하나님의 장막이 사람들과 함께 있으매 하나님이 그들과 함께 계시리니 그들은 하나님의 백성이 되고 하나님은 친히 그들과 함께 계셔서"(계 21:3).

[34] "이기는 자는 이것들을 상속으로 받으리라 나는 그의 하나님이 되고 그는 내 아들이 되리라"(계 21:7).

[35] "다시 밤이 없겠고 등불과 햇빛이 쓸 데 없으니 이는 주 하나님이 그들에게 비치심이라 그들이 세세토록 왕 노릇 하리로다"(계 22:5).

[36] 예성신학정립 편찬위원회, 『예성신학의 이해와 신조 해설』, 639.

고, 스미스를 통해 계시가 계속되었으며, 또한 현재까지도 교회의 지도자인 선지자들을 통해 계속되고 있다고 주장한다.[37]

몰몬교의 신앙의 조항에서는 그들은 성경을 바르게 번역된 한도 내에서만 하나님의 말씀이라고 믿는다고 되어있다. 그들은 성경이 여러 세기 동안에 변경되었고, 오염되었다는 주장을 펼쳐 완전히 거짓이라고 말한다.[38] 이처럼 몰몬교는 성경의 정경화 과정이 마감되지 않았고 현대적인 계시가 계속 필요하다고 믿는 것이다.

특별히 『몰몬경』의 책은 영감 된 책, 즉 하나님의 말씀으로 여긴다. 『몰몬경』은 그리스도께서 부활하신 후에 그 모습을 드러내셨던 아메리카의 원주민들에 대한 이야기일 것이라고 한다. 그리고 『교리와 성약』의 책은 137개의 계시들을 기록하고 있다. 이 계시들은 천상의 결혼과 죽은 자를 위한 세례와 같은 몰몬교의 독특한 교리들을 보여 준다. 또한 『값진 진주』의 책은 창세기 처음 6장까지의 내용과 대충 일치하는 『모세의 책』을 포함하고 있으며, 이집트 파피루스를 번역한 것이라고 하나 나중에 사기였음이 판명된 『아브라함의 책』을 담고 있다. 여기에는 조셉 스미스의 성경번역에서 발췌한 내용과 함께 그의 자서전인 『조셉 스미스의 역사』에서 발췌한 내용, 그리고 『신앙조항』이 담겨져 있다.[39]

하지만 정통 기독교의 성경적인 주장으로는, 성경은 서로 모순되는 다양한 계시들을 신봉하는 몰몬교의 입장을 반박한다. 성경은 그 자체에서 모순되지 않으며, 성경의 하나님 또한 결코 스스로 모순되지 않으

---

[37] Fritz Ridenour, 『무엇이 다른가?』, 157.
[38] Josh McDowell & Don Stewart, 『이단종파』, 103-104.
[39] Josh McDowell & Don Stewart, 『이단종파』, 104.

신다. 누가복음 24:27[40]에서 어떠한 메시지라 할지라도 하나님에게서 나오는 것은 분명히 구약성경을 완성한 예수 그리스도께서 이미 선포하신 메시지와 반드시 일치해야만 하는 것이다.[41]

그리고 영생은 조셉 스미스나 브라이엄 영이나 그 외에 어떠한 몰몬교의 거짓 예언자로 말미암는 것이 아니라 요한복음 20:31[42]에서 예수 그리스도의 공로와 은혜로 말미암는 것이다. 잠언 30:5-6[43]에서는 하나님의 말씀에 인간적인 생각을 덧붙이려고 하는 자들에게 경고가 있다.[44]

3) 몰몬교는 여러 신을 믿는다고 주장한다

몰몬교는 영원한 아버지 하나님과 그의 아들이신 예수 그리스도와 성령을 믿는다는 진술은 사실과는 거리가 멀다. 그들은 여러 신을 믿고 있다.[45] 하나님은 지금의 인간과 같았고, 인간은 지금의 하나님처럼 될 수 있다고 주장한다. 즉 하나님은 단순한 영이 아니라 인간과 같은 살과 뼈로 된 유형의 몸을 가지고 있다. 그리고 하나님은 여러 명의 처가 있다고 말하며, 하늘 어머니가 있다고 한다.[46]

---

[40] "이에 모세와 모든 선지자의 글로 시작하여 모든 성경에 쓴 바 자기에 관한 것을 자세히 설명하시니라"(눅 24:27).
[41] Josh McDowell & Don Stewart, 『이단종파』, 105.
[42] "오직 이것을 기록함은 너희로 예수께서 하나님의 아들 그리스도이심을 믿게 하려 함이요 또 너희로 믿고 그 이름을 힘입어 생명을 얻게 하려 함이니라"(요 20:31).
[43] "하나님의 말씀은 다 순전하며 하나님은 그를 의지하는 자의 방패시니라 너는 그의 말씀에 더하지 말라 그가 너를 책망하시겠고 너는 거짓말하는 자가 될까 두려우니라"(잠 30:5-6).
[44] Josh McDowell & Don Stewart, 『이단종파』, 105-106.
[45] Josh McDowell & Don Stewart, 『이단종파』, 106-107.
[46] 송요한, 『알기 쉬운 이단 분별법』, 247.

이러한 그들의 그릇된 해석은 하나님을 인간과 다를 바 없는 존재였으나 승화한 존재 정도로 전락시키는 신성모독이다. 그래서 삼위일체 또한 완전히 왜곡되어 있다. 성부는 인간과 같은 신체요, 성자는 아담신과 마리아 사이에서 난 아들이며, 성령은 에테르, 즉 산소 원자 하나에 두 개의 탄화수소가 결합된 화합물 같은 존재로 여긴다.[47] 이러한 주장은 조셉 스미스가 주 예수 그리스도와 하나님 아버지와 성령이 별개의 세 인격이며, 세 하나님이라고 가르쳤기 때문이다.[48]

하지만 정통 기독교의 성경적인 주장으로는, 요한복음 4:24[49]에서 하나님은 영이시다. 창세기 1:1[50]에서 하나님은 우주의 창조자이시다. 그리고 이사야 46:9[51]에서 성경적인 하나님은 나 외에 다른 이가 없다고 하신다. 더 나아가 이사야 43:10[52]에서는 나의 전에 지음을 받은 신이 없었고 나의 후에도 없다고 하신다. 신명기 6:4[53]와 마태복음 28:19[54]에서 삼위일체란 말 그대로 하나 안에 셋을 뜻하며, 삼위의 하나님이 한 분이시라는 성경의 가르침을 요약한 것이다.[55]

---

[47] 송요한, 『알기 쉬운 이단 분별법』, 247.
[48] Fritz Ridenour, 『무엇이 다른가?』, 169.
[49] "하나님은 영이시니 예배하는 자가 영과 진리로 예배할지니라"(요 4:24).
[50] "태초에 하나님이 천지를 창조하시니라"(창 1:1).
[51] "너희는 옛적 일을 기억하라 나는 하나님이라 나 외에 다른 이가 없느니라 나는 하나님이라 나 같은 이가 없느니라"(사 46:9).
[52] "나 여호와가 말하노라 너희는 나의 증인, 나의 종으로 택함을 입었나니 이는 너희가 나를 알고 믿으며 내가 그인 줄 깨닫게 하려 함이라 나의 전에 지음을 받은 신이 없었느니라 나의 후에도 없으리라"(사 43:10).
[53] "이스라엘아 들으라 우리 하나님 여호와는 오직 유일한 여호와이시니"(신 6:4).
[54] "그러므로 너희는 가서 모든 민족을 제자로 삼아 아버지와 아들과 성령의 이름으로 세례를 베풀고"(마 28:19).
[55] Fritz Ridenour, 『무엇이 다른가?』, 169-170.

4) 몰몬교는 구원이 온전히 몰몬교를 통해서만 가능하다고 주장한다

몰몬교는 사람들이 아담의 죄 때문이 아니라 자신의 죄 때문에 징벌을 당할 것이라고 주장한다. 『몰몬경』에서 아담과 하와는 지상에서의 삶을 기다리던 하나님의 모든 영의 자녀들에게 기회를 제공하기 위해 범죄 하도록 예정되었다고 말한다. 그래서 온전한 구원은 몰몬교를 통해서만 가능하며, 몰몬교 사제와 지속적인 계시가 없다면 구원도 없다고 말한다.[56]

하지만 정통 기독교의 성경적인 주장으로는, 구원은 무상의 은혜라고 믿는다. 에베소서 2:8-9[57]에서 구원이란 그리스도와 십자가상에서 이루신 그분의 구속 사역을 믿는 모든 사람에게 하나님의 은혜로 제공되는 것이다.[58] 따라서 몰몬교의 구원과 정통 기독교와는 완전히 다르다.

그리스도의 속죄라는 말을 교회에서 사용하고 있으나 실제적인 속죄는 몰몬교 사제가 베푸는 전심 침례를 통해서라고 한다.[59] 인간 그 누구도 자기의 노력으로 구원을 얻을 수 있는 길은 그 어디에도 없다. 사람의 선한 행위로 구원받는 것이 아니라 단지 예수 그리스도의 피로 말미암아 구원을 얻을 수 있다는 사실이다.[60]

---

[56] Fritz Ridenour, 『무엇이 다른가?』, 170.
[57] "너희는 그 은혜에 의하여 믿음으로 말미암아 구원을 받았으니 이것은 너희에게서 난 것이 아니요 하나님의 선물이라 행위에서 난 것이 아니니 이는 누구든지 자랑하지 못하게 함이라"(엡 2:8-9).
[58] Fritz Ridenour, 『무엇이 다른가?』, 170.
[59] 송요한, 『알기 쉬운 이단 분별법』, 247.
[60] Josh McDowell & Don Stewart, 『이단종파』, 112.

5) 몰몬교는 천상을 주장한다

몰몬교는 대부분 인류가 천상의 세 단계로, 즉 멀리서 보는 단계, 지상적인 단계, 천상적인 단계 중 하나에 들어갈 것이라고 주장한다. 그래서 사도 브루스 멕콘키는 천상적인 천국에서 영생을 누리는 건 몰몬교 신도들에게만 허용된 축복이라고 가르쳤다.[61]

하지만 정통 기독교의 성경적인 주장으로는, 시편 73:25[62]에서 천국은 하나님의 거처이다. 요한일서 4:10[63]에서 천국은 그리스도의 온전한 속죄를 믿는 모든 신자들이 거기에 거할 것이다. 누가복음 23:43[64]과 요한복음 14:3,[65] 그리고 고린도후서 5:8[66]에서 천국에 있다는 것은 그리스도의 임재 안에 있음을 뜻한다.[67] 이것을 정통 기독교는 믿고 있다.

---

61 Fritz Ridenour, 『무엇이 다른가?』, 170.
62 "하늘에서는 주 외에 누가 내게 있으리요 땅에서는 주 밖에 내가 사모할 이 없나이다"(시 73:25).
63 "사랑은 여기 있으니 우리가 하나님을 사랑한 것이 아니요 하나님이 우리를 사랑하사 우리 죄를 속하기 위하여 화목제물로 그 아들을 보내셨음이라"(요일 4:10).
64 "예수께서 이르시되 내가 진실로 네게 이르노니 오늘 네가 나와 함께 낙원에 있으리라 하시니라"(눅 23:43).
65 "가서 너희를 위하여 거처를 예비하면 내가 다시 와서 너희를 내게로 영접하여 나 있는 곳에 너희도 있게 하리라"(요 14:3).
66 "우리가 담대하여 원하는 바는 차라리 몸을 떠나 주와 함께 있는 그것이라"(고후 5:8).
67 Fritz Ridenour, 『무엇이 다른가?』, 170.

5. 몰몬교의 포교활동

1) 몰몬교는 무료 영어교육을 통해 포교한다

무료 영어교육은 몰몬교 포교활동의 주요한 접촉점이 되고 있다. 그것은 한국의 영어교육에 대한 열풍 때문이며, 이것을 이용해 많은 몰몬교 선교사들이 무료 영어교육을 통해 젊은이들에게 접근하고 있다. 몰몬교 선교사는 정확한 한국어로 몰몬교 교리의 핵심을 설명할 뿐만 아니라 출석과 함께 침례를 권한다.[68]

일단 무료 영어교육으로 관계가 형성되면 미국 유학까지 주선한다. 그리고 몰몬교 가정에서 홈스테이하게 하여 몰몬교에 참여하도록 권유한다. 하지만 몰몬교의 무료 영어교육이 결코 무료가 아니라 심각한 신앙적 대가를 치러야 한다는 점을 교인들에게 알려 주어야 한다. 무료 영어교육은 값없이 주어진 예수 그리스도의 은혜에 결코 비교될 수 없다.[69] 이 세상에서 무료로 주어지는 것은 예수 그리스도의 은혜밖에 없다. 그 외에는 반드시 대가를 지불해야 하며, 이단 종교들의 무료 영어교육에 대응할 수 있는 대안적인 차원의 교회 영어교육 프로그램 계발이 절실한 것이다.[70]

2) 몰몬교는 북한에서도 포교한다

몰몬교는 북한에서도 포교활동을 진행하고 있다. 「연합뉴스」에 따

---

[68] 탁지일, 『교회와 이단』, 157-158.
[69] 탁지일, 『교회와 이단』, 158.
[70] 탁지일, 『교회와 이단』, 158.

르면, 몰몬교 북아시아지역 총책임자인 마이클 링우드 회장은 지난 2013년 3월 25일 언론간담회를 열어 최근 긴장이 높아지면서 일시 보류하긴 했지만, 북한에 대한 인도주의 지원 사업을 꾸준히 해오고 있다고 밝혔다.[71]

몰몬교는 지금까지 미국 워싱턴 주의 사과나무 30만 그루를 북한에 보냈다. 링우드 회장은 북한이 몇 년 전부터 사과를 수확하고 있으며, 주민들은 그 사과나무를 'LDS'(몰몬교의 영어 이름 약자) 사과나무로 알고 있다고 전했다. 또한, 링우드 회장은 세 차례 방북했으며, 북한이 인도적 차원으로 접근하는 종교단체를 일정 부분 용인해왔던 모습을 볼 때, 북한과 몰몬교의 관계는 계속될 것으로 보인다.[72]

3) 몰몬교는 호텔 숙박을 통해 포교한다

몰몬교는 세계적인 이단 종교 재벌로서 세계 메리어트 호텔[73] 재단이 있으며, 현재 국내에 세워진 여의도 JW메리어트 호텔(Marriott Hotel)과 강남 JW메리어트 호텔, 동대문 JW메리어트 호텔, 판교 JW메리어트 호텔, 동대문 JW메리어트 호텔, 제주 JW메리어트 호텔에는 성경과 불경, 그리고 몰몬경이 비치되어 있다.[74]

---

[71] 현대종교, "몰몬교, 북한 포교활동 진행", http://www.hdjongkyo.co.kr/news/view.html?section=33&category=34&month=all&page=42&style=title&no=12669.

[72] 현대종교, "몰몬교, 북한 포교활동 진행", http://www.hdjongkyo.co.kr/news/view.html?section=33&category=34&month=all&page=42&style=title&no=12669.

[73] 메리어트 호텔은 세계 112개국에 6,000개를 두고 있다.

[74] 「당당뉴스」, "말일성도예수그리스도교 (몰몬교)에 대하여", http://www.dangdangnews.com/news/articleView.html?idxno=1645. 참고로 2020년 4월에 대구 JW메리어트 호텔이 신축될 예정이다.

6. 나가는 말

결론적으로, 2019년은 몰몬교가 한국에 전래된 지 64주년이 되는 해인 동시에 그 창시자인 조셉 스미스가 태어난 지 214주년이 되는 해이다. 그리고 참고로 방송인 로버트 할리가 미국 브라이엄영대학교(Brigham Young University) 재학 중 한국에 몰몬교 선교사로 왔다가 한국에 눌러앉고 귀화하였다.

몰몬교는 그들의 가정 중심의 생활과 사회봉사 강조, 그리고 윤리적 엄격함에 대한 철저한 교리와 실천이 있다. 최근에 한국사회가 급격히 상실해 가는 이러한 주제들에 대한 강조를 통해 몰몬교는 꾸준히 정통 기독교에 도전하면서 자신들의 영향력을 확대해 나가는 한편 사회적 공신력도 얻어 가고 있다.

특히 미국 내의 몰몬교 신도 집중 거주지는 이혼율이 가장 낮고, 출산율이 가장 높은 지역들이라는 것이 이를 입증하고 있다.[75]

하지만 기독교와는 다른 교리를 신앙하고 실천하고 포교하는 한 몰몬교는 이단 종교로 규정할 수밖에 없다.[76] 그것은 스스로 예수 그리스도 교회의 회복이라고 하는 몰몬교의 주장은 결국 실패로 돌아가기 때문일 것이다.[77]

---

[75] 탁지일, 『이단』, 241-242.
[76] 탁지일, 『이단』, 242.
[77] Josh McDowell & Don Stewart, 『이단종파』, 121.

제11장

제칠일안식일예수재림교회

1. 들어가는 말

　제칠일안식일예수재림교회(Seventh-day Adventist Church)가 이단 종교인가 아닌가는 많은 논란이 있다. 안식교는 세계 4대 이단 종교 가운데 하나이며, 그 출발부터 시한부 종말론에서 비롯된 이단 종교이다.[1]
　이단 종교인 안식교를 미국 기독교에서는 이단 종교로 보지 않는다. 미국남침례회(The Southern Baptist Convention)와 미국연합감리교회(United Methodist Church), 그리고 미국복음주의루터교회(Evangelical Lutheran Church), 미국연합장로교회(Presbyterian Church) 등 미국 기독교의 주요한 교단들은 안식교를 역사적으로 계승되어 온 정통 기독교 교리에 비교하면 교리적 차이는 있겠으나 기독교의 범주에서 크게 벗어나지 않는다고 규정하고 있다.[2]
　그뿐만 아니라, 세계루터교연합, 세계교회협의회, 오스트레일리아교회협의회, 스코틀랜드교회협의회, 세계개혁교회연합에서도 이단 종교인 안식교를 정통 기독교로 인정하고 있다. 하지만 안식교는 세계교회협의

1　정윤석, 『평생 이단에 빠지지 않는 복된신앙』, 99.
2　위키백과(https://ko.wikipedia.org), "제칠일안식일예수재림교회".

회(WCC)에 정식 회원 교단으로 등록되어 있지는 않다. 참고로 미국교회와 유럽교회는 공식적으로 안식교를 이단 종교로 규정하지 않는다.[3]

그러나 한국교회는 율법주의적 구원론과 토요일 안식일 문제, 엘렌화이트의 계시론, 영혼멸절설, 영원지옥부재설, 조사심판설 및 2,300주야 문제 등의 성경적 해석차이로 인해 안식교를 이단 종교로 간주하고 있다.[4]

이단 종교 대책 전문가인 진용식은 이렇게 안식교의 이단 종교 시비가 계속되는 이유에 대하여 말하였다.

> 안식교의 교리에 심각한 이단성이 있음은 물론 포교 목표를 불신자들에게보다 기성교회 교인들에게 더 두고 전국 각지에서 기성교회 교인들을 미혹하는 사례들이 많기 때문이다.[5]

대부분의 기성교회 교인들은 안식교가 심각한 이단 종교임을 인식하지 못하고 건전한 교파로 보고 있는 것은 심각한 문제이다. 그것은 안식교가 율법주의의 교파로서 표면상 도덕적으로 깨끗하게 보이며, 건강문제 등을 앞세워 그들의 교리를 감추고 포교하기 때문이다.[6] 따라서 이에 자신들의 교리에 입각해 윤리적으로 결점 없는 삶을 살기 위해 노력하고 있는 한국에 전래된 지 한 세기가 넘은 안식교에 대하여 살펴보자.

---

3   위키백과(https://ko.wikipedia.org), "제칠일안식일예수재림교회".
4   위키백과(https://ko.wikipedia.org), "제칠일안식일예수재림교회".
5   진용식, 『안식교는 왜 이단인가』(서울: 백승, 2010), 3.
6   진용식, 『안식교는 왜 이단인가』, 3.

2. 안식교 창시자 엘렌 화이트의 프로필과 역사

안식교는 미국인 여성 엘렌 화이트(Ellen G. White, 1827-1915)가 1863년 5월에 창립한 이단 종교이다. 19세기 초, 미국과 유럽을 중심으로 해서 신약성경에 예언된 예수 재림이 임박했다는 종말론적 신앙 분위기가 퍼지고 있었다. 이러한 종말론적 신앙 분위기를 배경으로 하여 미국에서는 이른바 '밀러 운동'이라는 예수재림운동이 초교파적으로 전개되었는데, 당시 지도자는 침례교회 교인이었던 윌리엄 밀러(William Miller, 1782-1849)였다.[7]

1831년부터 1844년까지 계속된 예수 재림 대각성 운동은 각 기독교 교회들로부터 대대적인 호응을 얻고 있었으며, 이름이 확인된 목회자들만 해도 174여 명이 참여하였다. 감리교, 침례교, 회중교, 크리스천교, 장로교, 성공회, 루터교, 화란개혁교회, 퀘이커교 등 많은 기독교 교인들이 동참하였다.[8]

밀러는 구약성경에 다니엘 8:14의 예언 연구를 근거로 1844년 10월 22일에 예수가 재림할 것이라고 주장하였다. 그러나 예수는 그들이 예상한 시간에 오지 않아 크나큰 실망으로 끝났다. 예수가 다시 오겠다고 약속한 것을 굳게 믿으며, 초교파적인 배경을 가지고 성경연구를 계속한 안식교 신도들은 요한계시록 11장에서 재림운동의 예언적 근거를 발견하였으며, 다니엘서에 나타난 2,300 주야의 끝이 예수가 이 땅에 오는 사건이 아니라 하늘의 지성소로 들어가는 사건임을 주장하게 되었다.[9]

1844년 예수 재림 예언 실패 직후, 화이트는 재림파 신도들이 하나

---

[7] 한국군선교연구소, 『우리가 알아야 할 이단』, 65.
[8] 송요한, 『알기 쉬운 이단 분별법』, 234.
[9] 한국군선교연구소, 『우리가 알아야 할 이단』, 65.

님의 찬란한 도성에 도달할 때까지의 여행을 하는 첫 환상을 경험하였고, 이후 두 번째 환상을 보며 그 내용을 말하기 시작하였다. 그녀가 본 환상과 받은 계시들을 성경보다 우선시 하여 이에 재림파 추종세력들은 화이트가 환상과 예언을 따르는 참 여선지자라고 믿기 시작하여 메인 주 포틀랜드 주변에서 큰 집단을 형성하였다.[10]

1847년, 화이트는 거룩한 지성소에서 언약궤 안에 있는 십계명과 십계명 중 안식일 계명 부분이 영광의 광채가 빛나는 환상을 보았다고 주장하였다. 그녀는 자신의 환상 체험을 다양한 주제들에서 언급하였고, 안식교 신앙과 활동이 대부분 화이트의 환상이나 예언에 근거하게 되었다.[11] 그리고 1848년에 이르러 안식교는 확고부동한 재림 신앙과 함께 창조주 하나님을 예배하는 참된 예배일은 태초로부터 창조의 기념일로 제정되어 온 인류에게 복 주시는 날로 성별되었을 뿐만 아니라 십계명의 넷째 계명에 명시된 일곱째 날 즉 오늘날의 토요일이 참된 안식일이라고 주장하게 되었다.[12]

그들은 태초부터 제정된 일곱째 날인 토요일을 안식일로 지키며, 예수 재림을 확고한 소망을 두고 기다리는 신앙 공동체를 구성하기로 하고, 1860년에 제칠일안식일예수재림교회라는 이름을 채택하였다. 3년 후, 1863년에 세계선교를 위한 대총회를 조직하여 1차 총회를 개최하였고, 초대 대총회장에 존 바이잉턴(John Byington, 1798-1887) 목사가 취임하였다.[13] 2015년 12월 31일을 기준으로 안식교에는 전 세계적으로는 215개국에 약 148,000여 개 교회와 약 19,100,000 명의 신자들이 있다.[14]

---

10 현대종교 편집국,『이단바로알기』, 263.
11 현대종교 편집국,『이단바로알기』, 263.
12 송요한,『알기 쉬운 이단 분별법』, 234.
13 한국군선교연구소,『우리가 알아야 할 이단』, 66.
14 위키백과(https://ko.wikipedia.org), "제칠일안식일예수재림교회".

3. 한국 안식교의 역사

1904년에 미국 하와이로 노동 이민자의 길을 떠났던 기독교인 이응현과 손흥조가 일본 고베에서 잠시 체류할 동안 일본인 안식교 쿠니야 히데(國谷秀) 전도사에게 포교와 침례를 받게 되면서 안식교가 한국에 전해졌다. 그해 6월 이응현과 달리 손흥조는 하와이 이민 행을 포기하고 귀국하던 중 감리교인 임형주를 만나게 되었고, 안식교 교리를 가르쳐 안식교 신도로 개종시켰다.[15]

진남포에 머물게 된 임형주는 주변 사람들에게 포교해 새로운 안식교 신도들을 얻었으나 성경 지식에 한계를 느껴 1904년 쿠니야 히데 전도사를 초청하였고, 1904년 8월 쿠니야 히데 전도사와 일본 선교부 책임자인 필드(F. W. Field) 목사가 8월 10일과 9월 13일에 각각 내한해 9월 30일까지 한국에 체류하면서 71명에게 침례를 베풀고 평안남도 네 곳에 교회를 세웠다.[16]

1905년 11월에 일본으로 돌아간 필드 목사가 한국 포교 상황을 세계선교본부에 보고하여 그 후 미국 캔사스 출신의 스미스(W. R. Smith) 목사 부부가 초대 선교사로 부임하여 평안남도 진남포에 선교 본부를 정하고 본격적인 포교활동을 전개하였다. 1907년 1월에는 샤펜버그(M. Schaffenburg) 선교사가 한국에 부임하였다. 9월에는 스미스 목사와 샤펜버그 선교사가 순안(順安) 지역 신도들의 협력을 얻어 한국 최초의 남녀공학인 순안 의명학교(義明學校)를 설립해 전도자 양성학교를 개설하기에 이르렀다.[17]

---

[15] 현대종교 편집국, 『이단바로알기』, 277-278.
[16] 현대종교 편집국, 『이단바로알기』, 278.
[17] 현대종교 편집국, 『이단바로알기』, 278.

1908년, 최초 의료선교사로 러셀(Riley Russed)이 내한해 의료 진료소를 세워 진료와 구호사업을 1909년 순안 의명학교에서 출판사업을 시작하였다.[18] 1909년 11월 8일에는 한국이 일본 선교지로부터 분리되어 독립 선교지가 되었고, 1910년에 교단 본부를 순안에서 서울로 이전하였다.[19] 1931년 서울에서 의료사업이 시작되었고, 1936년 1월 경성요양원을 설립하였는데, 이것이 현재 위생병원이 되었다.[20]

그러나 제2차 세계대전의 전운이 동남아시아를 뒤덮었고, 미국 정부가 한국 거주선교사들에게 귀국을 권고함에 따라 안식교 선교사는 교단 행정을 한국인에게 이양하고 속속 귀국하였다. 결국, 1943년 12월 28일, 안식교는 한국 전래 40년 만에 한국인들이 행정을 인수한 지 3년 만에 일제에 의해 강제 해산되었다.[21]

해방 후, 1945년 10월 전국신도총회를 소집하여 안식교를 재건하였으며, 선교사들이 입국하면서 세계교회의 신학적, 재정적, 행정적 지원에 힘입어 안식교 재건 작업이 가속화되었다. 특히 한국전쟁 이후, 구호사업에 전력을 다하여 활발한 포교 활동에 나선 안식교는 1960년대 중반까지 괄목할만한 성장을 이루었다. 2000년에는 대 총회가 주최하는 세계위성전도회를 한국에 유치하는 등 활발한 포교활동을 전개하여 오늘에 이르고 있다.[22]

---

[18] 현대종교 편집국, 『이단바로알기』, 279.
[19] 현대종교, "안식교", http://www.hdjongkyo.co.kr/main/sub/news_index_detail.html?section=42264&category=42265&num=43.
[20] 현대종교 편집국, 『이단바로알기』, 279.
[21] 현대종교, "안식교", http://www.hdjongkyo.co.kr/main/sub/news_index_detail.html?section=42264&category=42265&num=43.
[22] 현대종교, "안식교", http://www.hdjongkyo.co.kr/main/sub/news_index_detail.html? section=42264&category=42265&num=43.

안식교 한국연합회는 전국을 동중한합회,²³ 수중한합회,²⁴ 영남합회,²⁵ 충청합회,²⁶ 호남합회²⁷ 등 5개 포교지역을 나눠 포교활동을 감행하고 있다. 그리고 산하 60여 개의 기관에서 목회직에 900여 명, 교사직에 700여 명, 의료직과 일반직 등에 3,000여 명의 교역자가 일하고 있다.²⁸ 2015년 기준으로 안식교는 전국에 900여 교회와 21만 명의 신자가 있다.²⁹

4. 안식교의 주장

1) 안식교는 창시자 화이트의 계시가 성경과 동등한 권위를 갖는다고 주장한다

안식교는 성경만이 모든 교리의 기준이라고 말하지만, 창시자 엘렌 화이트가 요한계시록 14장의 세 천사의 메시지를 위탁받았다고 말한다. 그녀가 받았다는 계시는 성경과 동일한 특별계시로 여긴다.³⁰ 그래서 안식교 신도들은 화이트의 권위를 인정하고 있으며, 그녀를 선지자로 호칭하고 있다.³¹

---

23 동중한합회는 서울, 경기동부, 강원도 지역이다.
24 수중연합회는 서울 경기서부 지역이다.
25 영남합회는 경상도 지역이다.
26 충청합회는 충청도 지역이다.
27 호남합회는 전라도 지역이다.
28 현대종교 편집국,『이단바로알기』, 277.
29 위키백과(https://ko.wikipedia.org), "제칠일안식일예수재림교회".
30 한국군선교연구소,『우리가 알아야 할 이단』, 69
31 현대종교 편집국,『이단바로알기』, 264.

안식교의 한국 월간지인 「교회지남」에서는 화이트에 대하여 말하기를, "오늘을 위한 현대 선지자의 증언이다"라고 하였다. 그리고 『안식교 기본교리 27가지』의 기본신조 17 '예언의 선물'에서 화이트에 대하여 다음과 같이 말하였다.

> 하나님의 사자로서, 그의 저술들은 지속적이고도 권위 있는 원천으로서 교회에 위로와 인도와 교훈과 교정을 제공한다.[32]

결국, 화이트가 받은 계시는 성경 외에 다른 성경이다.[33] 그래서 안식교 신도들은 화이트가 특별한 은사를 받았다고 믿고 있으며, 성경을 믿는다고 말하지만, 화이트가 하나님이 마지막 때에 선지자로 성경과 동일한 교훈을 주었다며, 하나님께 속한 하나님의 메신저로 믿고 있다.

하지만 정통 기독교의 성경적인 주장으로는, 마태복음 24:11[34]에서 볼 때 화이트는 그릇된 시한부 종말론을 추종하며 교묘한 방법으로 신도들을 속이고 자기 권세를 취한 거짓 선지자일 뿐이다.[35] 성경은 인간에게 주어진 완전하고 무결한 하나님의 특별계시로써 가감할 수 없는 하나님의 말씀인 것이다.

2) 안식교는 안식일을 준수해야 구원을 받는다고 주장한다

안식교는 주일을 안식일로 지키는 것은 요한계시록의 짐승의 표를

---

[32] 현대종교 편집국, 『이단바로알기』, 264.
[33] 진용식, 『안식교는 왜 이단인가』, 21.
[34] "거짓 선지자가 많이 일어나 많은 사람을 미혹하겠으며"(마 24:11).
[35] 송요한, 『알기 쉬운 이단 분별법』, 240.

받은 것이라고 말한다. 그래서 가톨릭과 기독교는 배교한 것이라고 주장한다.[36] 안식교는 토요일을 안식일로 지키지 않고 일요일에 예배하는 것은 짐승의 표를 받은 것이고, 가장 참혹한 심판을 초래할 것이라며, 안식일을 준수해야 구원의 조건이라고 주장한다.[37] 이처럼 안식교의 참 안식일은 토요일이며, 거짓 안식일이 일요일이라고 주장하는 것이다.

하지만 정통 기독교의 성경적인 주장으로는, 토요일 안식일은 구약에서 유대인들에게 주어진 성일이다. 그러나 골로새서 2:14-17[38]과 갈라디아서 4:10-12[39]에서 신약 시대에 와서 안식일은 그리스도의 십자가로 폐지된 율법주의적인 절기가 되었다. 그래서 신약의 성도는 사망의 권세를 이기고 부활하신 주일을 예배드리는 날로 지키고 있다.[40] 이처럼 정통 기독교가 주일을 안식일로 지키고 있는 것은 누가복음 22:19[41]에서 예수님의 부활을 기념하기 위해 지키고 있다. 다시 말해, 예수님은 안식일의 주인이기 때문이며, 예수님이 부활한 안식 후 첫날이 일요일이기에 부활의 기념일로 지키게 된 것이다.

---

[36] 한국군선교연구소, 『우리가 알아야 할 이단』, 69.
[37] 정윤석, 『평생 이단에 빠지지 않는 복된신앙』, 100.
[38] "우리를 거스르고 불리하게 하는 법조문으로 쓴 증서를 지우시고제하여 버리사 십자가에 못 박으시고 통치자들과 권세들을 무력화하여 드러내어 구경거리로 삼으시고 십자가로 그들을 이기셨느니라 그러므로 먹고 마시는 것과 절기나 초하루나 안식일을 이유로 누구든지 너희를 비판하지 못하게 하라 이것들은 장래 일의 그림자나 몸은 그리스도의 것이니라"(골 2:14-17).
[39] "너희가 날과 달과 절기와 해를 삼가 지키니 내가 너희를 위하여 수고한 것이 헛될까 두려워하노라 형제들아 내가 너희와 같이 되었은즉 너희도 나와 같이 되기를 구하노라 너희가 내게 해롭게 하지 아니하였느니라"(갈 4:10-12).
[40] 진용식, 『안식교는 왜 이단인가』, 30.
[41] "또 떡을 가져 감사 기도하시고 떼어 그들에게 주시며 이르시되 이것은 너희를 위하여 주는 내 몸이라 너희가 이를 행하여 나를 기념하라 하시고"(눅 22:19). 고전 11:24-25을 참고하라.

3) 안식교는 율법을 온전히 지켜야 구원을 받는다고 주장한다

안식교는 믿음으로 구원을 말하고는 있지만, 실상은 행함으로 얻는 구원을 주장하는 이단 종교이다. 그들은 율법의 행위를 구원의 조건으로 보고 있다. 그래서 안식교는 현세의 완전한 성화를 주장하며, 또한 품성의 변화를 위해서 부정한 음식과 육식을 금하고 채식을 강조하고 있다.[42]

하지만 정통 기독교의 성경적인 주장으로는, 로마서 3:20[43]에서 율법의 의로 의롭다 하심을 얻을 육체가 없다고 분명히 증거하고 있다. 그래서 정통 기독교는 율법을 인간이 온전히 지킬 수 없음을 알고 오직 믿음으로만 살려고 한다. 구원은 율법을 지키는 행위로 얻는 것이 아니라 오직 믿음으로 말미암아 얻는다는 정통 기독교의 구원관은 성경에 근거하고 있다. 믿음으로 얻는 구원은 완전하며 확실한 것이다.[44]

4) 안식교는 영혼 멸절설을 주장한다

안식교는 여호와의증인처럼 영원한 사후의 영혼에 대한 존재를 부정하며, 영원한 지옥도 부정함으로써 소위 영혼 멸절설을 취하고 있다. 즉 의인은 부활하여 영생하지만, 악인은 부활하여 불태워 소멸하기 때문에 지옥도 존재하지 않는다고 주장한다.[45]

하지만 정통 기독교의 성경적인 주장으로는, 인간의 죽음은 영과 혼과 육체의 분리이며, 구원받은 자는 영원한 천국에 거하나 불신자는 지

---

[42] 정윤석, 『평생 이단에 빠지지 않는 복된신앙』, 100.
[43] "그러므로 율법의 행위로 그의 앞에 의롭다 하심을 얻을 육체가 없나니 율법으로는 죄를 깨달음이니라"(롬 3:20).
[44] 진용식, 『안식교는 왜 이단인가?』, 26-29.
[45] 정윤석, 『평생 이단에 빠지지 않는 복된신앙』, 100.

옥의 영원한 형벌을 받게 된다. 안식교가 이러한 주장을 수정하지 않는 한 영원히 이단 종교일 수밖에 없다.[46] 요한계시록 20:11-15[47]에서 천국과 지옥은 반드시 존재한다고 분명히 가르치고 있다.

5) 안식교는 2,300 주야와 조사심판설을 주장한다

안식교는 다니엘 8:14와 9:25, 그리고 에스라 7:11-26 등 2,300 주야와 관련된 성경 구절을 인용하여 예수 그리스도의 재림 시기를 예언하였다. 다니엘 8:14의 다니엘이 본 환상에서 "그가 내게 이르되 2,300 주야까지니 그때 성소가 정결하게 되리라 하였느니라"는 이 2,300 주야에 대한 환상을 다니엘 9:25의 예루살렘을 중건하라는 말과 연결했다.[48]

그리고 그것을 다시 에스라 7:11-26에 나오는 아닥사스다 왕이 에스라에게 내린 조서와 연결했다. 즉 아닥사스다 왕의 조서가 내려진 때를 BC 475년으로 정한 후에 2,300 주야를 2,300년으로 계산 한 결과 AD 1844년에 예수 그리스도가 재림한다는 것이다.[49]

그래서 안식교는 예수 그리스도의 재림 전 심판이라고 하는 조사심판이 1844년부터 시작되었다고 말한다.[50] 1844년에 예수 그리스도가

---

[46] 진용식, 『안식교는 왜 이단인가?』, 33-34.
[47] "또 내가 크고 흰 보좌와 그 위에 앉으신 이를 보니 땅과 하늘이 그 앞에서 피하여 간데없더라 또 내가 보니 죽은 자들이 큰 자나 작은 자나 그 보좌 앞에 서 있는데 책들이 펴져 있고 또 다른 책이 펴졌으니 곧 생명책이라 죽은 자들이 자기 행위를 따라 책들에 기록된 대로 심판을 받으니 바다가 그 가운데에서 죽은 자들을 내주고 또 사망과 음부도 그 가운데에서 죽은 자들을 내주매 각 사람이 자기의 행위대로 심판을 받고 사망과 음부도 불 못에 던져지니 이것은 둘째 사망 곧 불 못이라 누구든지 생명책에 기록되지 못한 자는 불 못에 던져지더라"(계 20:11-15).
[48] 현대종교 편집부, 『이단바로알기』, 264.
[49] 현대종교 편집부, 『이단바로알기』, 265.
[50] 한국군선교연구소, 『우리가 알아야 할 이단』, 69.

재림한다고 주장했던 안식교는 재림 예언이 실패로 끝나자 안식교 신도들의 큰 실망을 경계한 나머지 화이트와 몇몇 신도들은 교리 변증을 시작하였으며, 또 다른 해석을 강행함으로써 조사심판이라는 교리를 창시하여 주장하였다.[51] 안식교는 예수가 하늘 성전 첫째 칸인 성소에 계시다가 1844년 10월 22일에야 하늘 성전 둘째 칸인 성소에 들어가셨고, 지상 인간들의 행위를 살펴보고 흠과 티가 없는 자만 구원받게 하려고 조사심판을 하고 있다고 주장한다.[52]

하지만 정통 기독교의 성경적인 주장으로는, 성경 어디에도 1844년 10월 22일에 대한 구체적인 언급은 없다. 윌리엄 밀러가 재림의 날이라고 지정했던 이날은 엘렌 화이트가 예수가 하늘의 지성소로 들어갔다는 환상에 의해 중요한 날로 정해졌을 뿐이었다. 그리고 다니엘 8:14[53]의 "2,300 주야 후에 성소가 정결케 된다"는 예언과 다니엘 9:25[54]의 "예루살렘 성을 중건하라"는 명령은 같은 것이 아니다.[55]

5. 안식교의 포교활동

안식교는 한국에서 포교활동을 위해서 출판, 교육, 외국어학원, 구호, 복지, 의료, 건강식품 등 다양한 사업을 전개하고 있다.

---

[51] 현대종교 편집국, 『이단바로알기』, 265.
[52] 현대종교 편집국, 『이단바로알기』, 266.
[53] "그가 내게 이르되 이천삼백 주야까지니 그때 성소가 정결하게 되리라 하였느니라"(단 8:14).
[54] "그러므로 너는 깨달아 알지니라 예루살렘을 중건하라는 영이 날 때부터 기름 부음을 받은 자 곧 왕이 일어나기까지 일곱 이레와 예순두 이레가 지날 것이요 그 곤란한 동안에 성이 중건되어 광장과 거리가 세워질 것이며"(단 9:25).
[55] 박지연, "제칠일안식일예수재림교회"『현대종교』(2007. 2월), 334.

1) 안식교는 출판을 통해 포교한다

안식교의 출판은 시조사가 있다. 시조사는 1909년 의명학교에서 시작한 이래 현재 110년이 넘은 국내 대표적인 출판사로 서울 동대문구 청량리동에 위치하고 있으며, 전문 출판사로 출판을 통해 대대적인 포교활동을 감행하고 있다.[56]

2) 안식교는 교육을 통해 포교한다

안식교는 교육 분야에 상당한 투자를 감행하고 있다.[57] 4년제 삼육대학교와 2년제 삼육보건대학교와 고등학교 7개로 한국삼육고등학교, 서울삼육고등학교, 원주삼육고등학교, 동해삼육고등학교, 서해삼육고등학교, 영남삼육고등학교, 호남삼육고등학교가 있다. 중학교는 8개로 한국삼육중학교, 서울삼육중학교, 원주삼육중학교, 동해삼육중학교, 대전삼육중학교, 서해삼육중학교, 영남삼육중학교, 호남삼육중학교가 있다. 초등학교는 10개로 서울삼육초등학교, 태강삼육초등학교, 춘천삼육초등학교, 원주삼육초등학교, 동해삼육초등학교, 대전삼육초등학교, 서해삼육초등학교, 대구삼육초등학교, 부산삼육초등학교, 광주삼육초등학교가 있다.

3) 안식교는 외국어학원을 통해 포교한다

안식교의 SDA삼육외국어학원은 전국에 76개 학원이 설립되어 있

---

[56] 현대종교 편집국, 『이단바로알기』, 272-273.
[57] 위키백과(https://ko.wikipedia.org), "제칠일안식일예수재림교회".

다.[58] 현재 국내 외국어 관심도 상승에 비례하여 볼 때 안식교는 많은 사람이 이용하고 있는 삼육외국어학원을 통해 포교활동을 하는 것으로 보인다.[59]

4) 안식교는 구호단체를 통해 포교한다

아드라코리아는 6·25 동란 후 "구제위원회"로 출발하였으며 1958년에 "구호봉사회"가 되어 한미구호협정 때문에 제정된 국내 10개 구호단체 중의 하나로서 구호사업의 일선에 나서게 되었다. 외국에서 원조를 받아 국내를 돕는 일에 국한되던 구호봉사회는 1995년 4월 12일 "사단법인 아드라코리아"로 정부의 승인을 얻어 국내와 국외를 함께 지원할 수 있는 새로운 차원의 구호활동을 시작하였다.[60]

지난 2014년에 안식교의 구호단체인 아드라코리아는 세월호 침몰지역에서 42일간 밥 차를 운영하여 포교활동을 펼쳤다.

아드라는 1918년 제1차 세계대전 직후 유럽, 중동, 중국 등지에서 구호 봉사 활동을 개시한 이래 세계적 규모의 구호단체가 되어, 제2차 세계대전 후에는 내전을 겪은 한국과 베트남 등의 난민을 위한 구제 활동을 하였다. 최근에는 북베트남에서의 병원 설립, 캄보디아에서의 대규모 관개 사업, 르완다와 보스니아 등지에서의 인도주의 사업 등을 주도하고 있다.

아드라는 뜻을 함께하는 회원들의 지지를 받아 수백 년 역사를 가진 적십자사와 더불어 세계 5대 구호 기구의 하나로 종교, 인종, 이념을

---

[58] SDA, "SDA소개", http://student.sda.co.kr.
[59] 현대종교 편집국, 『이단바로알기』, 275.
[60] 아드라코리아, "아드라 소개", https://www.adra.or.kr:50007/load.asp?sub Page=221.

초월한 전문적인 봉사기구의 역할을 담당하고 있다. 아드라는 현재 미국 메릴랜드 주 실버스프링즈에 그 본부를 두고 있으며 북미, 남미, 아시아, 유럽, 아프리카, 호주 등 126개국에 지부를 설치하여 활동하고 있다.[61] 이처럼 안식교는 아드라코리아라는 구호단체를 통해 포교활동을 펼치고 있다.

5) 안식교는 복지를 통해 포교한다

안식교는 2001년 사회복지법인을 설립하여 가정복지, 아동복지, 청소년복지, 장애인복지, 노인복지, 지역복지, 재가복지, 자활 지원 사업 등을 전개하고 있다. 1993년 광주광역시 '두암종합사회복지관' 수탁을 시작으로 하여 동대문종합사회복지관, 서울위생병원 노인전문요양시설 유자원, 에덴노인요양센터, 포천종합사회복지관, 동해시 노인종합복지관, 동해시 노인요양원, 전주 양지노인복지관, 정읍시 노인복지관, 동문장애인복지관, 이천삼육요양원 등 복지사업에 박차를 가하고 있다.[62]

2010년 6월 기준에 의하면, 전 세계에 129개의 노인복지시설과 33개의 고아원 및 어린이집을 운영한다.[63] 이처럼 안식교는 복지사업이란 핑계로 자신들의 교리를 은연중에 알리고 포교활동을 시도하고 있다.[64]

---

[61] 아드라코리아, "아드라 소개", https://www.adra.or.kr:50007/load.asp?sub Page=221.
[62] 위키백과(https://ko.wikipedia.org), "제칠일안식일예수재림교회"
[63] 현대종교 편집국, 『이단바로알기』, 289.
[64] 현대종교 편집국, 『이단바로알기』, 275.

6) 안식교는 의료를 통해 포교한다

안식교에는 삼육의료원 서울병원을 비롯하여 삼육치과병원, 삼육부산병원, 남양주에덴요양병원, 여수요양병원 등이 있다. 의료사업을 통해 안식교는 교세 확장을 시도하고 있다. 삼육서울병원은 1908년에 설립되어 111년이 넘은 병원으로 많은 사람이 이용하고 있다.[65]

그리고 5일 금연학교를 통해 주민건강증진에 기여했다고 평가를 받고 있으며, 생활금연프로그램, 스트레스 관리, 성인병 예방학교, 임산부 부부 교실, 산모 교실, 당뇨 교실, 모유 수유 교실, 아가 마사지 교실 등 특수 프로그램을 개발하여 다양한 포교활동을 전개함으로써 사람들의 이목과 관심을 집중시켜 인지도를 높이고 있다.[66]

2010년 6월 기준에 의하면, 전 세계에 171개의 병원과 요양원, 그리고 429개의 의원과 진료소, 10개의 의료선교용 비행기와 의료용 선박을 운영하고 있다.[67]

7) 안식교는 식품을 통해 포교한다

안식교는 1948년 성경의 교훈과 교단의 이념에 따라 국민건강을 증진한다는 명목 아래 건강식품을 시작하였다. 1974년 현재 사람들에게 잘 알려진 삼육식품 회사를 설립, '삼육두유'를 생산하였고, 1972년 천안 공장의 식물성 단백질 고기 '베지버거'를 생산하였다.[68]

---

[65] 현대종교 편집국, 『이단바로알기』, 273.
[66] 현대종교 편집국, 『이단바로알기』, 273-274.
[67] 현대종교 편집국, 『이단바로알기』, 289.
[68] 현대종교 편집국, 『이단바로알기』, 276.

현재 삼육식품은 국내 두유 업체 가운데 1위 2위를 다툴 정도로 기업 평가가 높으며, 삼육두유, 삼육메론, 삼유후르츠콜, 베지미트, 베지링크, 아기두유, 딸기와 바나나 두유, 위조이 등이 있는데, 정통 기독교 교인들에게도 친근한 상품으로 여겨질 정도이다.[69]

그리고 안식교에는 일본의 산이쿠푸즈(三育フーズ), 오스트레일리아와 뉴질랜드의 새니테리엄 헬스 웰빙 컴퍼니(Sanitarium Health and Wellbeing Company) 등이 있다.[70]

6. 나가는 말

결론적으로, 안식교는 한국에 들어온 지 115년이 넘었다. 일제 시대 모진 핍박 속에서도 안식교 신도들은 자신들의 교리를 수호하기 위해 목숨을 내놓았을 정도로 신앙의 완벽성을 추구하였다. 쓰러져 가는 조선의 근대화를 위해 다양한 사업을 펼쳐 괄목할 기여를 하였고, 그 공로를 인정받아 왔다. 도덕적으로나 윤리적으로 무흠(無欠)하기 위해 노력하는 모습은 사회사업과 구호사업, 그리고 금주금연 캠페인 등 사회의 덕을 주는 다양한 활동들을 펼쳐왔다.[71]

그러나 안식교의 성경 해석의 오류와 창시자 엘렌 화이트의 환상과 예언, 그리고 신비체험이 성경과 동등한 권위를 갖고 있다고 주장하는 안식교 신도들의 독선적인 우월감은 기성교회가 용인할 수 없는 이단 종교성이 뿌리 깊이 자리 잡고 있는 것이다. 최근 안식교는 자신들의

---

[69] 현대종교 편집국, 『이단바로알기』, 276.
[70] 위키백과(https://ko.wikipedia.org), "제칠일안식일예수재림교회".
[71] 현대종교 편집국, 『이단바로알기』, 283.

교세를 확장하기 위해 추수운동과 총력전도, 오메가 2000 등 과감하고 적극적인 포교활동을 전개하고 있다.⁷²

안식교는 반드시 교회 이름 앞에 "제칠일안식일예수재림교회"라고 명시하고 있으므로 교회 건물이나 주보를 볼 때 확연하게 구별된다. 그리고 안식교는 교육사업 분야와 뉴스타트 건강법, 그리고 삼육계열사 제품 등을 통하여 생활에 밀접하게 연계하여 포교활동을 하고 있어 분별이 필요하다.⁷³

---

72 현대종교 편집국, 『이단바로알기』, 283.
73 한국군선교연구소, 『우리가 알아야 할 이단』, 72.

제12장

예수중심교회

1. 들어가는 말

예수중심교회(Jesus Centered Church)는 이단 종교 가운데 하나인 베뢰아아카데미(Berea Academy)[1] 원장인 김기동의 귀신론과 연결된 그리고 귀

---

[1] 베뢰아아카데미는 많은 사람에게 거의 생소하게 들릴 수 있지만, 귀신론이 잘못되어 이단 종교로 정죄된 집단이다. 베뢰아아카데미의 가르침은 다음과 같이 정리할 수 있다. 첫째, 성경 못지않게 인간의 경험적 지식을 중요하게 생각한다. 성경만을 가지고는 예수 그리스도를 모두 알지 못한다고 가르친다. 둘째, 정통 기독교의 삼위일체에서 어긋난 양태론적인 단일신론에 가까운 이론을 가르친다. 즉 하나님의 삼위는 오직 한 분 하나님의 존재 양식의 변화일 뿐이라고 설명한다. 셋째, 예수님의 육신과 사람의 영은 그 수준이 같다고 보며 예수 그리스도의 육신의 죽음은 우리 영혼의 죽음을 대신할 수 있다고 가르친다. 이것은 예수 그리스도의 진정한 인성을 부인하는 잘못된 기독론이다. 넷째, 아담 이전의 사람들이 영적인 요소가 없기에 하나님과 교통하는 것이 동물적으로 그냥 살다 갔으나, 아담 이후의 사람들은 영적 요소 때문에 육체가 깨어져도 영은 영원한 존재이기에 영원히 어둠 속에 거하게 된다고 가르친다. 그러나 창세기의 인간 창조에 관한 기자 중에서 영이 없는 인간에 대한 언급은 어디에도 없다. 다섯째, 귀신은 곧 불신자의 사후 영혼이라고 가르친다. 즉 예수님을 믿지 않은 사람이 자기 자연 수명을 다하지 못하고 죽을 때는 그 자연 수명이 다할 때까지 음부인 세상에서 귀신으로 활동한다는 것이다. 그리고 모든 병은 불신자의 사후 존재인 귀신에게서 온다고 보고 있다. 배본철, 『이단을 보는 눈』, 300-301.

신을 쫓아내는 축사 활동에 기반을 둔 위험한 이단 종교이다.² 예수중심교회는 베뢰아아카데미 계통의 이단 종교로 분류할 수 있다.

초기 한국예루살렘교회로 출발한 현재 예수중심교회는 서울과 전국의 도시를 순회하며 치유와 귀신 쫓기를 중심으로 집회를 열고 있다. 믿음이 연약한 정통 기독교 교인들과 병 낫기를 갈망하는 급급한 사람들이 예수중심교회에 미혹되는 경우가 많다.³

이에 따라 극단적인 신비주의의 추종과 함께 자의적으로 성경을 해석하여 신학적인 오류를 범하고 있어 한국 기독교에서 이단 종교로 규정하고 있는 예수중심교회에 대하여 살펴보자.

2. 예수중심교회 창시자 이초석의 프로필과 역사

이초석은 본명이 이춘석(李春錫)으로 1951년 11월 21일 서울에서 출생하였다. 그는 1969년 선린상업고등학교를 졸업, 1984년 예장 합동정통신학교, 현 백석신학교를 중퇴하고, 1984년 예장 성합 측 바울신학교를 졸업 후 그해 9월에 경기도 광명시에 예루살렘교회를 개척하였다.⁴

1984년 12월 예장 성합 측 교단에서는 이초석이 김기동의 귀신론을 추종한다고 하여 그를 제명하였다. 그는 교회를 인천시 남구 숭의동에 있는 옛 전도관 자리로 이전하고 한국예루살렘교회라고 이름을 바꾸어 1988년 5월 8일부터 6월 18일까지 천국에 다녀왔다는 미국인 펄시 콜레(Percy Collett) 박사의 "천국성회 간증집회"를 인천 마가다락방에

---

2 현대종교 편집국, 『이단바로알기』, 302.
3 배본철, 『이단을 보는 눈』, 303.
4 송요한, 『알기 쉬운 이단 분별법』, 315.

유치하면서부터 세간에 주목받기 시작하였다.[5]

특히 단상에 오르다 쓰러진 펄시 콜레를 안수 기도해 일으켜 세우는 등 죽은 자도 살려 낸다는 식의 능력을 과시하였고, 이후부터 이초석은 명성을 십분 활용하여 급성장하였다.[6]

1988년 5천여 명의 출석 인원은 6년이 지난 1994년에는 1만여 명으로 성장하였다.[7] 1991년 한국 기독교로부터 이단 종교로 결의되었지만 변함없는 행보를 유지하며 교세를 확장하고 있다.[8]

3. 예수중심교회의 주장

예수중심교회는 귀신론에 바탕을 두고 자의적으로 성경을 해석해 정통 기독교의 믿음에서 크게 벗어나 있다. 이초석의 주장은 신비주의적 열광주의에 기초하며, 귀신 추방, 적극적인 사고방식, 기복주의적인 축복관을 강조하는 것으로 인해 많은 논란과 물의를 일으켜 왔다.[9]

성결대학교 역사신학 교수인 배본철은 교회사적인 관점에서 이러한 예수중심교회에 대하여 다음과 같이 말하였다.

> 극단적인 갱신주의 이단 종교의 전형이라고 볼 수 있다.[10]

5　송요한, 『알기 쉬운 이단 분별법』, 315-316.
6　현대종교, "예수중심교회", http://www.hdjongkyo.co.kr/main/sub/news_index_detail.html?section=42264&category=42265&num=41.
7　배본철, 『이단을 보는 눈』, 303.
8　현대종교, "예수중심교회", http://www.hdjongkyo.co.kr/main/sub/news_index_detail.html?section=42264&category=42265&num=41.
9　배본철, 『이단을 보는 눈』, 305.
10　배본철, 『이단을 보는 눈』, 305.

그들의 신념과 주장은 여러 가지 면에서 기독교의 전통적인 견해와 입장을 달리하고 있다. 하나님의 공식 명칭을 예수로, 아담을 하나님의 생명으로, 음부를 이 세상으로, 마귀를 원죄로 해석하는 것이 그 대표적인 예다.[11]

1) 예수중심교회는 경험적으로 성경 해석을 주장한다

예수중심교회는 '성경에서 죽은 지 나흘 된 자가 일어났다면 지금도 일어나야 그 성경이 진짜가 아닌가?'라고 하며 경험 그 자체만으로 하나님의 말씀을 부정한다.[12]

하지만 정통 기독교의 성경적인 주장으로는, 예수중심교회가 귀신론에 맞추어 자의적으로 성경을 해석함으로써 정통 기독교와는 전혀 다른 해석을 주장하는 오류를 범하고 있다.

2) 예수중심교회는 삼위일체 하나님을 모두 예수라고 주장한다

예수중심교회는 성부와 성자와 성령의 이름을 모두 예수라고 한다. 이것은 삼위일체를 부인하는 양태론에 빠진 것이다.[13] 이초석은 예수에 대하여 다음과 같이 말하였다.

> 아들의 이름이 예수요, 아버지의 이름이 예수요, 성령의 이름이 예수다. 이 예수는 임마누엘, 곧 하나님이 우리와 더불어 계신다는 뜻이

---

11 배본철, 『이단을 보는 눈』, 305.
12 배본철, 『이단을 보는 눈』, 304.
13 이초석, 『길을 찾아라 첩경은 있다』 (인천: 도서출판 에스더, 1988), 25.

다. 고로 마태복음 1:23의 말씀은 성부와 성자, 성령 삼위일체의 이름은 곧 예수라는 것을 말씀하는 것이다. 아버지와 더불어 함께 있는 하나님의 이름은 여호와요, 우리와 더불어 함께 있는 하나님의 이름은 예수다.[14]

이처럼 그들은 예수는 실제 육체가 아니라 영적인 몸만 입고 오셨다고 하는 가현설(Docetism)을 말하면서 성육신을 부정하는 것이다.[15]

하지만 정통 기독교의 성경적인 주장으로는, 창세기 1:26[16]에서 하나님은 "우리의 형상을 따라 우리가 사람을 만들고"라고 말씀하셨다. 여기서 '우리'라는 복수 대명사를 사용함으로써 한 분이신 하나님 안에 세 위격이 계심을 표현하였다.[17] 또한, 예수님의 선교 지상명령으로 알려진 마태복음 28:19[18]에서 아버지와 아들과 성령의 이름으로 세례를 주라고 쓴 것을 보아도 삼위일체[19]의 하나님은 세 분이시며 동시에 한 분이시다. 즉, 성부도 하나님이시고, 성자도 하나님이시고, 성령도 하나님이신 것이다.[20]

---

14 이초석, 『길을 찾아라 첩경은 있다』, 30.
15 배본철, 『이단을 보는 눈』, 304.
16 "하나님이 이르시되 우리의 형상을 따라 우리의 모양대로 우리가 사람을 만들고 그들로 바다의 물고기와 하늘의 새와 가축과 온 땅과 땅에 기는 모든 것을 다스리게 하자 하시고"(창 1:26).
17 성기호, 『이야기 신학』, 105.
18 "그러므로 너희는 가서 모든 민족을 제자로 삼아 아버지와 아들과 성령의 이름으로 세례를 베풀고"(마 28:19).
19 성경에서 삼위일체라는 말이 사용되고 있지는 않으나 삼위일체란 하나님은 한 분이시며, 이 한 분이신 하나님 안에 세 위격이 계시고, 이 세 위격은 동시에 동일한 하나님이시다.
20 성기호, 『이야기 신학』, 105.

3) 예수중심교회는 귀신의 세력으로부터 자유함을 얻는 것이 구원이라고 주장한다

예수중심교회는 십자가를 믿으면 영생을 얻는다는 말이 성경 어디에도 없다고 말한다. 그런 이초석은 구원에 대하여 다음과 같이 말하였다.

> 인간을 억누르고 있는 귀신의 세력으로부터 자유로움을 입는 것이다.[21]

다시 말해, 이 일을 위해 예수 그리스도가 오셨다고 주장함으로써 믿음으로 구원을 얻는다는 진리를 부정하고 있다.[22]

하지만 정통 기독교의 성경적인 주장으로는, 모든 사람은 세상이 주는 거짓된 평안에 속지 말고 죄사함을 통하여 참된 평안을 누려야 한다.

그러므로 로마서 10:13[23]과 요한복음 3:16,[24] 그리고 디모데전서 4:10[25]에서 예수의 이름을 부르며 믿는 자들은 구원을 얻게 되는 것이다.

---

[21] 이대복, 『이단종합연구』 (서울: 큰샘출판사, 2008), 1132.
[22] 배본철, 『이단을 보는 눈』, 304.
[23] "누구든지 주의 이름을 부르는 자는 구원을 받으리라"(롬 10:13).
[24] "하나님이 세상을 이처럼 사랑하사 독생자를 주셨으니 이는 그를 믿는 자마다 멸망하지 않고 영생을 얻게 하려 하심이라"(요 3:16).
[25] "이를 위하여 우리가 수고하고 힘쓰는 것은 우리 소망을 살아 계신 하나님께 둠이니 곧 모든 사람 특히 믿는 자들의 구주시라"(딤전 4:10).

4) 예수중심교회는 타락해 변질된 영적 존재를 마귀, 악령, 귀신이라고 주장한다

예수중심교회는 악한 영들이 마치 계급을 형성하는 것처럼 조직을 이루어 활동하고 있다고 말한다. 김기동의 저서 『마귀론』에서 예수중심교회의 주장과 같이 사단의 조직과 사역에 대해 기록하고 있다. 그리고 예수중심교회가 귀신이 불신자 사후의 존재임을 증거하기 위한 성경적 변증 내용이 김기동과 동일하게 반영되어 있다.[26]

하지만 정통 기독교의 성경적인 주장으로는, 귀신을 불신자의 사후 존재라고 보는 것은 하나님의 창조 질서에서 위배된다. 귀신과 사람은 종류가 다르며, 귀신과 마귀는 동질성을 지닌 같은 종류이다. 귀신은 마귀와 함께 타락한 천사들이라고 보는 정통 기독교의 입장이 성경의 교훈에 더 잘 부합된다.[27] 사람의 영이 귀신이 되어 세상을 떠돈다는 이러한 주장은 정통적인 정령숭배 사상에서 나온 미신일 뿐이며 성경의 가르침은 아니다.

성경은 신자이건 불신자이건 간에 사람이 죽으면 육체를 떠난 영혼은 즉시 신자는 낙원으로 불신자는 음부로 들어가서 다가올 심판의 날을 기다리게 된다고 가르치고 있다.[28] 이 사실은 누가복음 16:19-26[29]에서 나

---

[26] 현대종교 편집국, 『이단바로알기』, 305-306.
[27] 현대종교 편집국, 『이단바로알기』, 306.
[28] 현대종교 편집국, 『이단바로알기』, 306.
[29] "한 부자가 있어 자색 옷과 고운 베옷을 입고 날마다 호화롭게 즐기더라 그런데 나사로라 이름하는 한 거지가 헌데 투성이로 그의 대문 앞에 버려진 채 그 부자의 상에서 떨어지는 것으로 배를 불리려 하매 심지어 개들이 와서 그 헌데를 핥더라 이에 그 거지가 죽어 천사들에게 받들려 아브라함의 품에 들어가고 부자도 죽어 장사되매 그가 음부에서 고통중에 눈을 들어 멀리 아브라함과 그의 품에 있는 나사로를 보고 불러 이르되 아버지 아브라함이여 나를 긍휼히 여기사 나사로를 보내어 그 손

사로와 부자의 이야기 가운데서 분명하게 설명되어 있으며, 누가복음 23:43에서 십자가 우편의 강도에게 예수님은 "내가 진실로 진실로 네게 이르노니 오늘 네가 나와 함께 낙원에 있으리라"고 말씀하셨다.[30]

5) 예수중심교회는 모든 질병의 근원은 귀신이라고 주장한다

예수중심교회의 이초석은 모든 질병의 원인인 귀신에 대하여 다음과 같이 말하였다.

> 깊이 성경을 연구한 끝에 인간의 병이라는 문제의 원인을 제공하고 있는 영적 존재는 바로 마귀의 종, 귀신이라는 것을 발견하기에 이르렀다. 인류의 최대의 적, 병은 그 원인 제공자가 귀신이다.[31]

그래서 예수중심교회는 불신자 사후의 존재가 귀신이고, 이 귀신이 질병을 가져다준 사실을 알려주기 위해 하나님이 예수를 이 땅에 보냈다고 주장한다.[32]

예수중심교회의 이초석은 예수님이 이 땅에 오신 목적에 대하여 다음과 같이 말하였다.

가락 끝에 물을 찍어 내 혀를 서늘하게 하소서 내가 이 불꽃 가운데서 괴로워하나이다 아브라함이 이르되 얘 너는 살았을 때에 좋은 것을 받았고 나사로는 고난을 받았으니 이것을 기억하라 이제 그는 여기서 위로를 받고 너는 괴로움을 받느니라 그뿐 아니라 너희와 우리 사이에 큰 구렁텅이가 놓여 있어 여기서 너희에게 건너가고자 하되 갈 수 없고 거기서 우리에게 건너올 수도 없게 하였느니라"(눅 16:19-26).

30 현대종교 편집국, 『이단바로알기』, 306.
31 이초석, 『인류 최대의 적 병, 그 원인은 무엇인가?』 (서울: 두손모아, 2000), 17-19.
32 현대종교 편집국, 『이단바로알기』, 307.

하나님께서는 인류가 병으로 고통받는 것을 보시고 그 병의 원인에 대해 가르쳐주시려 하늘나라에서 이 땅으로 그 아들 예수 그리스도를 보내셨다. 그리하여 이 땅의 병과 저주와 가난과 고통과 죄악의 원인은 마귀와 그의 추종자 악령과 귀신이라는 영적 존재들이 제공하고 있다는 것을 우리에게 가르쳐 줬다.[33]

이러한 논리로 예수중심교회는 사람의 육체에 들어온 귀신을 쫓아냄으로써 병을 고칠 수 있다는 것이다. 그래서 예수중심교회의 이초석은 병 고침에 대하여 다음과 같이 말하였다.

우리 육체에 들어온 귀신을 제거한다면 우리를 만드신 하나님의 창조법칙으로 완치될 수 있다.[34]

이처럼 불신자 사후 존재인 귀신은 인간의 육체에 들어와 병을 일으키고 사람의 육체를 멸망시킨다는 것이다. 김기동 역시 모든 질병의 원인은 귀신으로 보고 마태와 누가의 공통점은 병의 원인을 귀신으로 주장한다는 것이다.[35]

하지만 정통 기독교의 성경적인 주장으로는, 성경 역시 귀신에 의해 병이 일어날 수 있음을 말하고 있지만 모든 병이 그렇다고는 볼 수 없다. 모든 질병의 근원이 귀신이고 귀신을 쫓아내야 질병을 치료받을 수 있다고 한다면 현대 의약은 질병을 치료할 수 없다는 자연스러운 결론에 도달하게 된다. 이러한 주장은 현재 의학적 치료를 무시하거나 치료

---

[33] 이초석, 『인류 최대의 적 병, 그 원인은 무엇인가?』, 16.
[34] 이초석, 『인류 최대의 적 병, 그 원인은 무엇인가?』, 17.
[35] 현대종교 편집국, 『이단바로알기』, 308.

시기를 놓치게 되면 생명에 위험한 결과를 초래하게 될 것이다.[36]

4. 예수중심교회의 포교활동

1) 예수중심교회는 집회를 통해 포교한다

예수중심교회는 전국을 순회하며 집회를 개최하여 많은 사람을 미혹한다. 그들은 집회를 위해 지역 곳곳마다 현수막을 걸고 홍보 전단을 배포하는 등 철저히 사전 준비를 한다. 전단에는 이초석의 안수로 귀신이 나가는 장면을 실어 사람의 이목을 집중시키고, 치유 간증 수기를 게재하여 사람의 마음을 미혹시킨다.[37]

집회에서는 수십 분간 찬양을 불러 분위기를 고조시킨 다음 이초석이 등장하여 자신의 귀신 사상을 전파하며 설교가 끝나면 큰소리로 방언을 말하고 귀신 쫓는 행위를 시작한다. 이에 신도들은 종종 얼굴을 두 손으로 잡고 엄지손가락을 이용하여 눈꺼풀을 뒤집기도 한다.

이처럼 예수중심교회는 이초석의 극단적인 축사 행위를 통해 신비주의에 몰두하는 정통 기독교 교인들을 포교한다.[38]

---

[36] 배본철, 『이단을 보는 눈』, 308.
[37] 현대종교 편집국, 『이단바로알기』, 310.
[38] 현대종교 편집국, 『이단바로알기』, 310.

2) 예수중심교회는 기도원을 통해 포교한다

예수중심교회가 운영하는 기도원은 전라남도 장성군 북하면에 있으며, 1997년 8월 건축하여 130여 일 만에 완공했다고 홍보하였다. 기도원은 3천 명을 수용할 수 있는 대성전과 식당, 일반 숙소 총 100개 실로 4개 동, 장애인 숙소, 외국인 숙소, 수영장 등 상당한 규모를 갖추고 있다. 그리고 연중휴무로 소집회가 열리고 있으며, 1월과 8월에는 이초석이 직접 집회를 인도하여 많은 사람을 끌어모으고 있다.[39]

3) 예수중심교회는 땅끝예수전도단을 통해 포교한다

땅끝예수전도단은 예수중심교회의 전문적인 포교활동 기관이다. 이 기관은 전국 및 해외에 교회설립과 선교사 파송 후원, 그리고 국내 및 해외 전도 집회 주관, 신문 및 책자 제작 배포, DVD와 CD 및 오디오테이프 제작 발송, 위성방송과 인터넷 방송 제작 등으로 소개하고 있으며, 현재 많은 학생과 청년들이 활동하고 있다.[40]

4) 예수중심교회는 인터넷을 통해 포교한다

예수중심교회의 인터넷은 한국어, 영어, 일본어, 중국어, 러시아어, 스페인어 등 다양한 언어를 지원하고 있다. 인터넷에서는 이초석과 아들 이시대의 동영상 설교 자료와 예수중심교회 관련 소식 등이 정리되어 있다. 그리고 이초석의 해외 집회 영상과 직접 쓴 칼럼 등을 게재해

---

[39] 현대종교 편집국, 『이단바로알기』, 310-311.
[40] 현대종교 편집국, 『이단바로알기』, 311.

이초석의 유명세와 해외 활동 상황 등을 홍보하고 있다. 또한, 수많은 국내외 집회 현장에서 이초석이 귀신을 쫓아내는 사진 등을 소개하며 사도행전의 역사가 그대로 나타나는 교회라고 자랑하고 있다.⁴¹

5) 예수중심교회는 주간 소식지를 통해 포교한다

예수중심교회는 주간 소식지에 인터넷 홈페이지 내용과 비슷하게 이초석의 설교와 칼럼, 그리고 교회 소식 등이 실려 있다. 그리고 신도들의 병 고침 받은 간증과 사업 문제 해결된 성공 간증들을 담아 사람들의 이목을 집중시킨다. 예수중심교회 신도들은 이 소식지를 들고 거리로 나가 사람들에게 나눠주며 포교활동을 하고 있다. 이러한 예수중심교회를 잘 알지 못하는 사람들은 정통 기독교의 열심 있는 한 교회로 다분히 오해할 소지가 있다.⁴²

5. 나가는 말

결론적으로, 많은 사람이 문의하는 이단 종교 가운데 하나가 예수중심교회이다. 하지만 정작 예수중심교회의 자료를 찾기란 쉽지 않다. 예수중심교회는 도서 발행이 많지 않고 예배나 집회 중 귀신 쫓는 것 외에는 특별한 활동이 없다. 겉으로 드러나지 않는 예수중심교회를 대처하는 방법은 다음과 같다.⁴³

---

41 현대종교 편집국, 『이단바로알기』, 312.
42 현대종교 편집국, 『이단바로알기』, 312.
43 현대종교 편집국, 『이단바로알기』, 324-325.

첫째, 교리를 잘 살펴야 한다.

물론 예수님이 귀신을 내쫓으셔서 병을 고치셨지만 예수중심교회처럼 모든 병의 근원이 귀신은 아니다. 귀신에 대해 이와 같이 주장하거나 지나치게 축사를 강조한다면 이단 종교인지 아닌지 주의 깊게 살펴야 한다.

둘째, 교회 명을 잘 살펴야 한다.

예수중심교회는 각 지역 명을 사용한다는 것이 특징인데, 대구라면 대구예수중심교회, 오산이면 오산예수중심교회이다.

셋째, 신문과 도서, 전단지, 테이프, DVD 등을 잘 살펴야 한다.

여기에 이초석이라는 이름만 확인해도 알 수 있다. 이러한 여러 인쇄물을 잘 살피면 건강한 신앙생활로 한 걸음 더 나아갈 수 있을 것이다.[44]

예수중심교회는 극단적이며 열광적인 귀신 축출행위를 기도해 많은 정통 기독교 교인들을 미혹하고 있다. 귀신이 나가야 병이 나을 수 있다는 이초석의 주장에 미혹된 교인들은 병원보다 이초석의 집회를 찾고, 의사의 조언보다 이초석의 설교에 귀를 기울이며, 현대 의학적 치료보다 귀신 쫓는 행위에 몰두하고 있다.[45]

이처럼 예수중심교회는 이초석의 축사 집회를 통해 신비주의에 열중하는 교인들에게 포교하고, 더 나아가 CD와 테이프, 전도지 등 다양한 방법을 동원하여 포교활동을 감행함으로써 교세를 확장하고 있다. 특히 해마다 국내외 수많은 지역을 돌며 대중 집회를 개최하는 이초석의 행보를 한국교회는 주목해야 할 것이다.[46]

---

[44] 현대종교 편집국, 『이단바로알기』, 325-327.
[45] 현대종교 편집국, 『이단바로알기』, 315.
[46] 현대종교 편집국, 『이단바로알기』, 315.

제13장

신천지예수교 증거장막성전

1. 들어가는 말

　신천지예수교 증거장막성전은 일명 신천지(新天地)로 알려져 있는 이단이다. 신천지는 1980년 초에 예수의 시대가 끝났고 1984년부터 말세 계시의 시대가 도래했다며, 재림 예수의 영이 몸에 강림하여 보혜사 성령이 된 이만희에게 6천 년간 봉인된 요한계시록의 예언이 성취된 실상을 성령이신 천사들이 보고 듣게 하였다고 한다.
　그를 새로운 시대의 사명자로, 세상의 빛이 되는 한 목자로, 말씀이 없는 거짓 목자와 부패한 한국교회를 심판하는 이긴 자로서 선택하여 실상 계시를 전파하게 되었다고 한다.[1] 그리고 신천지는 144,000명의 신천지 교적부가 채워질 때 144,000명이 이미 순교한 영혼들이 성령이 되어 내려와 짐승의 표를 받지 않은 육체인 신천지 신도에게 임하므로 변화되어 지상에서 육체로 영생불사하며, 지상 천년왕국이 실현되는 마지막 때의 시온산이 바로 자신들이라고 주장하고 있다.[2]

1　이단사이비대책위원회, 『이단사이비를 경계하라!』, 186.
2　이단사이비대책위원회, 『이단사이비를 경계하라!』, 186.

이와 같은 주장으로 갈수록 진화하는 신천지의 다양한 포교전략은 정통 기독교 교인을 포교하며 교회를 분열시키고 있을 뿐만 아니라 가정을 파괴하는 등 큰 피해를 안겨주고 있어, 사회적 물의를 일으키는 신천지에 대해 살펴보도록 하자.[3]

2. 신천지 창시자 이만희의 프로필과 역사

신천지 창시자 이만희는 1931년 9월 15일 경북 청도군 풍각면 현리 702번지에서 아버지 이재문과 어머니 고상금 사이에서 태어났다. 17세 때, 그는 서울 성동구 형님 집에 기거하며 건축업에 종사하다 전도사에게 이끌려 경복궁 앞 천막교회에서 세례를 받았다. 그 후, 그는 고향에 내려가 풍각장로교회에서 본격적인 신앙생활을 시작하였다.[4]

다시 서울로 상경한 그는 이미 한국교회에서 이단 종교로 제명된 박태선의 전도관[5]에 1957년 입교하였다. 그는 10년간 신앙촌에서 벽돌 굽는 기술을 배웠을 정도로 열심이었으나 더 이상 기대할 것이 없다고 판단하여 1967년 전도관에서 나왔다. 그리고 경기도 과천 청계산 자락에 있는 유재열의 대한기독교장막성전에 입교하였다.[6] 그는 유재열을 추종하다가 재산을 다 털리고 사기를 당해 이탈하였다.[7]

그 후, 그는 1978년 장막성전의 영명 '솔로몬'으로 통하던 백만봉을

---

[3] 현대종교 편집국, 『이단바로알기』, 14.
[4] 현대종교 편집국, 『이단바로알기』, 14-15.
[5] 박태선의 전도관은 교리적 문제뿐만 아니라 세금 탈루, 성적 문제, 폭행, 자유당 부정선거 개입 등 사회적 물의까지 일으킨 이단 종교 단체이다.
[6] 한국군선교연구소, 『우리가 알아야 할 이단』, 47.
[7] 송요한, 『알기 쉬운 이단 분별법』, 277.

추종하며 '솔로몬 창조교회' 12사도 조직의 하나로 있다가 1980년 3월 14일 자신을 따르는 세력을 규합해 경기도 안양에 신천지중앙교회를 설립했다가 현재 과천으로 이전하였다.[8]

신천지의 조직은 본부교회 아래에 지역별로 12지파를 두고 있으며, 그 아래 교리를 전하는 90여 개의 신학원을 두고 있다.[9] 현재 한국에서는 그 피해를 고발하는 기관들의 노력으로 인해 그 교세가 많이 꺾여 신천지의 신도 수는 약 5만 명으로 추산하고 있지만, 활로 모색을 위해 해외로 눈길을 돌리고 있으며, 중국에도 들어가 매우 활발하게 활동하고 있다.[10]

3. 신천지의 주장

신천지는 장막성전의 몰락을 요한계시록과 연계해서 비판하면서 세를 규합하여 정통 기독교와는 전혀 다른 성경 해석을 주장하고 있다.[11]

1) 신천지는 예수가 아닌 다른 이름으로 재림주가 온다고 주장한다

자신들의 교주를 신격화하는 것이 대부분 이단 종교의 공통점이다. 신천지에서는 인자가 구름 타고 오신다는 뜻을 성령께서 육체로 오신다는 뜻으로 해석하며 재림주는 예수 이름이 아니라 다른 이름으로

---

[8] 송요한, 『알기 쉬운 이단 분별법』, 277.
[9] 송요한, 『알기 쉬운 이단 분별법』, 276.
[10] 송요한, 『알기 쉬운 이단 분별법』, 276-277.
[11] 송요한, 『알기 쉬운 이단 분별법』, 277.

오신다고 주장한다. 여기서 다른 이름이란 바로 이만희 자신이 다른 이름으로 오신 보혜사 성령이라고 한다.[12]

자신을 계시받은 대언자요 말세의 구세주로 자처하고 있는 이만희는 자신을 신격화시키고 있으며, 예수 그리스도의 십자가의 대속을 믿는 믿음으로는 구원을 얻을 수가 없으므로 자기에게 와야 구원을 얻을 수 있다고 주장한다.[13] 그는 자신을 자칭 요한계시록의 '알파와 오메가', '보혜사 성령', '이긴 자', '인치는 천사', '이 시대의 구원자' 등으로 주장하고 있다.[14]

이러한 주장에 대해 이만희는 일부 교계 신문을 통해 자신이 보혜사와 재림주로 주장한 적이 없다고 밝혔지만, 자신의 저서들을 통해 신격화하는 것을 확연히 들여다볼 수 있다. 이만희는 자신을 '일곱 인을 떼는 자',[15] '성경을 통달한 보혜사',[16] '예수를 보는 것',[17] '재림주',[18] '하나님 나라 창설',[19] '이긴 자',[20] '재림주의 이름',[21] '철장으로 만국을 다스릴 자',[22] '요한계시록의 신부',[23] '그리스도',[24] '마지막 날 그리스도',[25]

---

[12] 송요한, 『알기 쉬운 이단 분별법』, 277.
[13] 이만희, 『계시록의 진상2』 (서울: 도서출판 신천지, 1988), 36-52.
[14] 이만희, 『계시록의 진상2』, 36-52.
[15] 김병희·김건남, 『신탄(神誕)』 (서울: 도서출판 신천지, 1985), 43-44.
[16] 이만희, 『계시』 (서울: 도서출판 신천지, 1998), 193.
[17] 이만희, 『계시』, 43.
[18] 이만희, 『성도와 천국』 (서울: 도서출판 신천지, 1995), 77-78.
[19] 이만희, 『성도와 천국』, 217.
[20] 이만희, 『계시』, 56.
[21] 이만희, 『계시』, 75.
[22] 이만희, 『계시록의 진상2』, 242.
[23] 이만희, 『계시』, 413.
[24] 김병희·김건남, 『신탄(神誕)』, 333-334.
[25] 김병희·김건남, 『신탄(神誕)』, 330.

'보혜사',²⁶ '만왕의 왕',²⁷ '삼위 중 하나',²⁸ '보이는 하나님'²⁹ 등으로 믿게 하려고 만들어 낸 것이다.

하지만 정통 기독교의 성경적인 주장으로는, 이만희는 재림주가 아니다. 성경에서는 그러한 언급들이 전혀 없으며, 재림주라고 증거 하지 않는다. 신천지 신도들은 성경적인 근거도 없는 주장을 믿고 있으며, 그들은 미혹의 영에 빠져 있을 뿐이다. 바른 신앙은 성경대로 믿는 것이다. 온갖 방법을 동원해서 성경을 억지로 풀어서 이만희를 재림주로 만들었지만 이에 대해 성경적인 증거는 전무한 것이다.³⁰

2) 신천지는 예수를 믿고 새 언약을 알고 지킬 때 구원받는다고 주장한다

신천지에서 구원은 오늘날 성령으로 온 지상 사명자, 즉 약속한 목자로부터 듣고 보고 지키는 자가 받는다고 말한다. 그들의 구원은 믿음으로 받는다는 정통 기독교의 입장과는 달리 더불어 옵션을 하나 추가하였다.³¹ 그들은 사람이 죄 사함을 받을 수 있는 조건을 세 가지로 들고 있는데, 그것은 오직 예수님의 피를 먹음으로(마 26:28; 요 6:53-57), 비유를 깨달음으로(막 4:10-12), 새 언약을 지킴으로(히 8:10-12)라고 주장한다. 신천지는 예수라는 답변을 넣으면서 은근슬쩍 비유와 새 언약이라는 답변을 추가시켜서 자신들의 주장을 주입하고 있다.³²

---

26 김병희·김건남,『신탄(神誕)』, 330.
27 이만희,『계시록의 진상』(서울: 도서출판 신천지, 1988), 358.
28 김병희·김건남,『신탄(神誕)』, 339.
29 김병희·김건남,『신탄(神誕)』, 339.
30 진용식,『무료성경신학원 이만희의 실체는?』(서울: 백승, 2011), 140.
31 한국군선교연구소,『우리가 알아야 할 이단』, 51.
32 한국군선교연구소,『우리가 알아야 할 이단』, 51.

하지만 정통 기독교의 성경적인 주장으로는, 아담의 타락 이후 구원자는 오직 한 분이신 예수 그리스도이시다. 히브리서 11:24-26[33]에서 구약의 모든 믿음의 선조들은 예수 그리스도를 바라보는 믿음을 가지고 있었다. 모세도 그분을 바라보는 믿음을 가지고 있었다. 예수 이전 시대에 모든 사람은 모두 예수 그리스도를 바라보고 구원을 받았다.

그리고 예수님 이후에 다른 구원자는 있을 수 없다. 그래서 사도행전 4:12[34]에서 예수 그리스도 외에 더 이상 다른 이로서는 구원을 받을 수 없다고 못 박아 말한다. 하지만 신천지의 시대별 구원자론의 주장은 이만희를 이 시대의 구원자라고 말하여 신도들을 미혹하고 있다.

3) 신천지는 조건부 종말론을 주장한다

신천지의 조건부 종말론은 이단 종교인 천부교 창시자 박태선의 영향을 받았다. 박태선은 자신이 동방 한국에 온 하나님이자, 구원받을 144,000명을 만드는 감람나무고, 자신은 영생불사한다고 주장하였다. 그리고 박태선은 자신이 '이긴 자', '동방의 의인', '말세의 의인'이고, 말세에 온 하나님의 전권 대사로서 144,000명의 의인이 차면 예수님을 오시게 하고 천년성을 이룩한다고 세상을 미혹하였다.[35]

박태선의 교리와 유사하게 주장하고 있는 이만희는 전 세계의 기독

---

[33] "믿음으로 모세는 장성하여 바로의 공주의 아들이라 칭함 받기를 거절하고 도리어 하나님의 백성과 함께 고난 받기를 잠시 죄악의 낙을 누리는 것보다 더 좋아하고 그리스도를 위하여 받는 수모를 애굽의 모든 보화보다 더 큰 재물로 여겼으니 이는 상 주심을 바라봄이라"(히 11:24-26).

[34] "다른 이로써는 구원을 받을 수 없나니 천하 사람 중에 구원을 받을 만한 다른 이름을 우리에게 주신 일이 없음이라 하였더라"(행 4:12).

[35] 탁지일, 『이단』, 85.

교 교인에게는 구원이 없으며, 신천지 신도 144,000명이 모이면 새 하늘과 새 땅이 경기도 과천에서 시작된다고 주장한다.[36] 이러한 목적으로 신천지는 영생을 얻기 위해 144,000명을 채우는 것이다. 144,000명이 완성되는 날은 자신들이 살아서 영생을 얻고 세상을 다스리는 왕 같은 제사장이 된다고 주장한다.[37]

그래서 신천지 신도들은 자신의 불확실한 인생과 가정 문제를 일시에 해결하기 위해서 144,000명 신도 완성에 모든 것을 걸고 있다. 144,000명 신도 달성은 신천지 신도들의 맹종과 희생적 삶을 통해 이룰 수 있다. 하지만 최근 신천지 내부 자료에 의하면, 2016년 1월에 신도 수가 161,691명으로 나타났다.[38] 신천지의 신도 수가 144,000명이 넘었음에도 아무 일도 일어나지 않았다. 즉 144,000명 교리는 실패했다는 것이다.

144,000명 교리를 변경한 신천지는 신도들에게 영생을 얻을 수 있는 소위 영생의 순간은 144,000명의 완성과 함께 오는 것이 아니라 세계 평화를 보장하는 국제법 개정과 종교 대통합이 이루어져야 온다고 주장하였다.[39] 결국에는 신천지 신도만 구원을 받게 되며, 재림 때 신인합일(神人合一) 되어 육체가 영생불사(永生不死)할 것이라고 주장한다.[40] 이러한 교리로 인해 수많은 젊은이와 신도들을 미혹해 학업과 직장, 그리고 가정을 버리고 가출하게 하는 등 수많은 가정이 피해를 보고 있다.[41]

---

36 한국군선교연구소, 『우리가 알아야 할 이단』, 51-52.
37 탁지일, 『교회와 이단』, 77.
38 탁지일, 『교회와 이단』, 77-78.
39 탁지일, 『교회와 이단』, 78.
40 이단사이비대책위원회, 『이단사이비를 경계하라!』, 194.
41 정윤석, 『평생 이단에 빠지지 않는 복된신앙』, 91.

하지만 정통 기독교의 성경적인 주장으로는, 성경은 구원의 숫자를 구체적으로 명시하거나 제한적이 없다. 마태복음 12:50[42]에서 예수님은 하나님의 뜻대로 행하는 자가 구원을 받는다고 가르치셨다. 그리고 로마서 10:13[43]에서도 사도 바울은 누구든지 주의 이름으로 부르는 자가 구원받을 것이라고 하였다.

4) 신천지는 비유 풀이로 성경을 해석해야 한다고 주장한다

신천지는 성경 해석의 문제를 본문의 역사와 문법적 배경과는 무관하게 성경의 짝을 찾는 비유로 풀이하고 있다. 예를 들어, 비유에서 씨는 말씀, 나무는 사람, 물과 불과 양식은 말씀, 그릇은 사람의 마음, 도장과 나팔은 사람, 말은 육체, 새는 영, 왕과 소와 돌은 목자, 우상은 우리의 말씀이 없는 목자, 무덤과 바벨론은 진리가 없는 교회, 산과 배는 교회라고 가르치는데 이는 전혀 일관성이 없이 적용하는 것이다.[44]

이렇게 신천지는 비유 풀이라는 성경공부로 완전히 매료시킨 후 요한계시록 공부를 통해 정통 기독교 교인들이 가지고 있는 기존의 성경관을 파괴하여 이만희를 재림주로 믿게 만들어 버린다.[45]

하지만 정통 기독교의 성경적인 주장으로는, 비유란 본래 상대방에게 알아듣기 쉽게 표현하는 것이지 감추기 위한 비밀이 결코 아니다. 비유 풀이로 성경 해석에 세뇌가 되면 사람은 스스로 성경을 읽고 해석하지 못할 뿐만 아니라 이단 종교에서 가르치는 대로만 알고 믿게

---

[42] "누구든지 하늘에 계신 내 아버지의 뜻대로 하는 자가 내 형제요 자매요 어머니이니라 하시더라"(마 12:50).
[43] "누구든지 주의 이름을 부르는 자는 구원을 받으리라"(롬 10:13).
[44] 이단사이비대책위원회, 『이단사이비를 경계하라!』, 192.
[45] 정윤석, 『평생 이단에 빠지지 않는 복된신앙』, 91.

된다. 바른 비유 해석은 비유 본문의 전체 맥락과 의미를 살펴야 한다. 그러나 신천지처럼 단어 풀이식의 영해를 시도하거나 성경에 이미 해석해 놓은 내용을 무시하고 자의적으로 재해석해서는 안될 것이다.[46]

4. 신천지의 포교활동

1) 신천지는 설문지를 통해 포교한다

신천지는 포교 대상자의 개인 정보를 축적하기 위해서 온갖 설문지나 심리 검사지를 가지고 접근한다. 이것은 설문지에 대한 목적이 아니라 설문지에 기재된 개인 정보와 연락처를 확보하기 위함이다. 최근에는 독서 지도와 영화 및 공연 관람, 노인 초청 위안잔치 등의 문화 활동이나 취미 활동으로 접근하기도 한다. 이처럼 그들은 1명을 포교하기 위해 100여 개의 개인 정보를 체크해서 치밀하게 접근하는 것이다.[47]

2) 신천지는 산 옮기기를 통해 포교한다

신천지는 50명 이하의 교인이 있는 정통 기독교에 들어가서 기존 목사를 쫓아내고 그 교회를 신천지로 잠식시키는 포교 방법을 진행하고 있다.[48] 최근에는 가톨릭 신도들도 포교 대상으로 삼고 있다.

---

[46] 이단사이비대책위원회, 『이단사이비를 경계하라!』, 193-194
[47] 한국군선교연구소, 『우리가 알아야 할 이단』, 57.
[48] 현대종교 편집국, 『이단바로알기』, 17.

3) 신천지는 무료성경신학원 등 다양한 단체를 통해 포교한다

신천지는 '단 5개월의 신학 과정을 전액 무료로 교육해드립니다'라는 전단지와 '약속의 말씀 집회를 알려드립니다'라는 전단지를 이곳저곳에 뿌리고 다니는 무료성경신학원을 통해 포교한다.

신천지가 기독교를 빙자한 여러 가지 이름들로는 대한예수교장로회총회신학교, 대한선교연합협의회, 시온기독신학교, 로고스신학원, 평신도신학원, 기독교신학원, 한국기독교선교연합회, 전국원로장로협의회, 대한예수교교역자선교연합회, 세계교역자연합선교회, 계시록세미나, 하늘사다리문화센터, 진리의 전당, 크리스천아카데미, 미션바이블아카데미, 비전바이블아카데미, 크리스천미션아카데미, 국제선교센터, 단비선교센터, 빛과사랑선교회, 예수사랑선교회, 성서사랑연구회, 오픈바이블미션, 총회신학연구원, 열린성경신학원, 대한교역자선교협의회, 영어성경교실(EBS), 사랑하는사람들, 그리스도의향기, 선교사총회신학, 성경신학원, 두란노선교회, 쉐퍼드선교센터, 기독문화센터, 주만나선교센터 등 이외에도 그때그때 필요에 따라 얼마나 많은 단체를 만들어 기독교를 빙자하여 운영하고 있는지 구별조차 하기 힘들다.[49] 그리고 신천지의 관련 단체로는 사단법인 만나,[50] 얼 지키기, 사단법인 하늘문화세계평화광복(세계평화광복하늘문화예술체전) 등도 있다.[51]

신천지는 무료성경연구원이라는 기관을 만들어 가난하고 배움의 기회가 없는 정통 기독교 교인들을 대상으로 포교하고 있다. 그리고 일반

---

[49] 한국군선교연구소, 『우리가 알아야 할 이단』, 46.
[50] 만나는 봉사단체로 교주 이만희의 '만'과 만남 대표 김남희의 '남'을 합쳐서 만든 단체이다.
[51] 한국군선교연구소, 『우리가 알아야 할 이단』, 47.

인들이 보기에는 이 신천지가 장로교단에 소속된 평범한 교회로 여겨지기 때문에 미혹되기 쉽다. 그들은 매우 잘못된 가르침을 전하고 있을 뿐만 아니라 이만희 자신을 신격화하는 오류를 범하고 있는 위험한 이단 종교인 것이다.[52]

5. 나가는 말

결론적으로, 신천지의 진화하는 포교활동과 파상 공세에 효과적으로 대처하기 위해서는 무엇보다 지혜가 필요하다. 그것은 교회 중심의 신앙생활을 벗어날 때 문제가 발생하기 때문에 목회자가 인지하지 못하는 교회 밖에서의 성경공부를 정통 기독교 교인들은 하지 말아야 한다. 하나님 말씀 중심의 신앙생활을 위해서 지속적인 이단 종교에 대한 예방 교육이 절실히 필요하다.[53]

그리고 신천지의 문제 해결에서 가족의 역할은 결정적이라 할 수 있다. 신천지가 문제라면 가족이 정답이라는 점에 이견은 없다. 신천지 피해가 발생할 경우, 가족 상담(family counseling)이 필요한데, 이는 신천지에 빠진 부모와 배우자, 그리고 자녀의 손을 가족은 절대 놓지 않기 때문이다.[54]

이단 종교를 섬멸하는 것보다 더 중요한 방법은 정통 기독교 교인들이 하나님의 말씀을 따라 순결한 그리스도의 신부로 살아가는 것이다.

---

[52] 배본철, 『이단을 보는 눈』, 289.
[53] 탁지일, 『이단』, 91.
[54] 탁지일, 『교회와 이단』, 86.

참고문헌

국제전도폭발 한국본부. 『국제전도폭발 V단계 훈련교재』. 서울: 한국전도폭발 출판부, 2005.
김구원. 『구약 꿀팁』. 서울: 홍성사, 2016.
김병희·김건남. 『신탄(神誕)』. 서울: 도서출판 신천지, 1985.
김주철. 『내 양은 내 음성을 듣나니』. 안양: 멜기세덱 출판사, 1998.
김희백. 『기독교이단상담학』. 군산: 진달래출판사, 2014.
「교회와신앙」. "몰몬교". http://www.amennews.com/news/articleView.html?idxno=9616.
_____. "유병언·이요한·박옥수 구원파는 왜 이단인가?". http://www.amennews.com/news/articleView.html?idxno=12675.
나무위키(https://namu.wiki). "예수 그리스도 후기 성도교회".
_____. "제칠일안식일예수재림교회".
「뉴스앤조이」. "판교 충성교회, 결국 이단 손으로". http://www.newsnjoy.or.kr/news/articleView.html?idxno=197981.
다음백과. "오대양 집단 변사 사건". http://100.daum.net/encyclopedia/view/47XXXXXXXX29.
「당당뉴스」. "말일성도 예수 그리스도교(몰몬교)에 대하여". http://www.dangdangnews.com/news/articleView.html?idxno=1645.
대전광역시 기독교연합회 이단사이비대책위원회. 『우리시대의 이단들』. 서울: 도서출판 두란노, 2009.
「들소리신문」. 2016년 12월 26일자.
박지연. "제칠일안식일예수재림교회". 『현대종교』. 2007. 2월.

배본철.『이단을 보는 눈』. 서울: 도서출판 영성네트워크, 2016.

생명의말씀선교회. "국내선교". http://www.jbch.org/kor/domestic/index.php?sCode=10r15r10.

세계기독교통일신령협회.『원리강론』. 서울: 성화사, 1966.

「신문고뉴스」. "다음 세대를 위한 한국교회 이단대처: 통합측 이대위 전문위원 탁지일 부산장신대 교수 강의". http://www.shinmoongo.net/sub_read.html?uid=23407.

성기호.『이야기 신학』. 서울: 국민일보사, 1997.

「성화」. 1968년 7월호.

신사훈.『통일교의 정체와 그 대책』. 서울: 새싹교회출판부, 1988.

송요한.『알기 쉬운 이단 분별법』. 서울: 갈렙출판사, 2010.

「아드라코리아」. "아드라 소개". https://www.adra.or.kr:50007/load.asp?subPage=221.

안상홍.『선악과와 복음』. 안양: 멜기세덱 출판사, 1996.

_____.『하나님의 비밀과 생수명수의 샘』. 안양: 멜기세덱 출판사, 1997.

_____. 월간「십사만 사천」. 1998년 9월호.

위키백과(https://ko.wikipedia.org). "제칠일안식일예수재림교회".

「여호와의증인 빛을 비추는 사람」. "여러 나라에서 여호와의증인 신도 수가 10만 명을 돌파하다!". http://cafe.daum.net/jehovaw/ohDF/54.

예성신학정립 편찬위원회.『예성신학의 이해와 신조 해설』. 서울: 예수교대한성결교회 총회. 2010.

이단사이비대책위원회.『이단사이비를 경계하라!』. 서울: 기독교대한성결교회 출판부, 2015.

이대복.『이단종합연구』. 서울: 큰샘출판사, 2008.

이만희.『계시』. 서울: 도서출판 신천지, 1998.

_____.『계시록의 진상』. 서울: 도서출판 신천지, 1988.

_____.『계시록의 진상2』. 서울: 도서출판 신천지, 1988.

_____.『성도와 천국』. 서울: 도서출판 신천지, 1995.

이충웅.『교회사는 선교역사』. 파주: 한국학술정보, 2014.
이초석.『길을 찾아라 첩경은 있다』. 인천: 도서출판 에스더, 1988.
_____.『인류 최대의 적 병, 그 원인은 무엇인가?』. 서울: 두손모아, 2000.
중부일보. "여호와의증인 신도 병역 거부자 징역형". http://www.joongboo.com/?mod=news&act=articleView&idxno=1147318.
진용식.『무료성경신학원 이만희의 실체는?』. 서울: 백승, 2011.
_____.『안식교는 왜 이단인가』. 서울: 백승, 2010.
_____.『하나님의교회 길자교 안상홍 증인회의 실체는?(증보판)』. 서울: 백승, 2010.
_____. "한국교회이단상담소협회장 진용식 목사 인터뷰".『교회성장』. 2017. 9월.
정동섭·이영애.『박옥수·이요한·유병언의 구원파를 왜 이단이라 하는가?』. 서울: 죠이선교회, 2008.
정명석.『구원의 말씀』. 서울: 도서출판 명, 2005.
정윤석.『평생 이단에 빠지지 않는 복된신앙』. 서울: 대림문화사, 2011.
정행업.『한국교회사에 나타난 이단논쟁』. 서울: 한국장로교출판사, 1999.
탁명환.『기독교이단연구』. 서울: 국제종교문제연구소, 1989.
_____.『통일교의 최근 동향과 여호와증인의 비판』. 서울: 국제종교문제연구소, 1988.
탁지일.『교회와 이단』. 서울: 도서출판 두란노, 2016.
_____.『이단』. 서울: 도서출판 두란노, 2015.
_____. "현실적 교회, 종말론적 이단을 만나다!".『교육교회』. 2013.12월.
하용조 편저.『간추린 비전 성경사전』. 서울: 도서출판 두란노, 2005.
한국군선교연구소.『우리가 알아야 할 이단』. 서울: 한국군종목사단·한국기독교군선교연합회, 2016.
현대종교. "기독교복음선교회(JMS) 30개론의 특징". http://www.hdjongkyo.co.kr/news/view.html?section=22&category=1003&no=14713.
_____. "단체정보: 여호와의증인". http://www.hdjongkyo.co.kr/main/sub/news_index_detail.html?section=42264&category=42265&num=29.

_____. "단체정보: 기독교복음침례회(구원파)". http://www.hdjongkyo.co.kr/main/sub/news_index_detail.html?section=42264&category=42265&num=60.

_____. "단체정보: 예수그리스도후기성도교회(몰몬교)". http://www.hdjongkyo.co.kr/main/sub/news_index_detail.html?section=42264&category=42265&num=74.

_____. "단체정보: 통일교". http://www.hdjongkyo.co.kr/main/sub/news_index_detail.html?section=42264&category=42265&num=60.

_____. "단체정보: 하나님의교회 세계복음선교협회". http://www.hdjongkyo.co.kr/main/sub/news_index_detail.html?section=42264&category=42265&num=106.

_____. "몰몬교, 북한 포교활동 진행". http://www.hdjongkyo.co.kr/news/view.html?section=33&category=34&month=all&page=42&style=title&no=12669.

_____. "안식교". http://www.hdjongkyo.co.kr/main/sub/news_index_detail.html?section=42264&category=42265&num=43.

_____. "예수중심교회". http://www.hdjongkyo.co.kr/main/sub/news_index_detail.html?section=42264&category=42265&num=41.

「현대종교」. 2010년 12월호.

현대종교 편집국. 『이단 바로 알기』. 서울: 현대종교, 2015.

Bjornstad, James. *Counterfeits at Your Door*. Ventura: Regal Books, 1979.

Cross, Frank L. & Elizabeth A. Livingstone. *The Oxford Dictionary of the Christian Church*. London: Oxford University, 1997.

Dembski, William A. & Michael R. Licona 편. 『기독교를 위한 변론』. 박찬호 역. 서울: 새물결플러스, 2016.

Lloyd-Jones, D. Martyn. *Romans 8:17-39: The Final Perseverance of the Saints*. Edinburgh: Banner of Truth, 1975.

Martin, Walter R. *The Rise of the Cults*. California: Vision House Publishers Incorporated, 1980.

McDowell, Josh & Don Stewart. 『이단종파』. 이호열 역. 서울: 기독지혜사, 1987.

Ridenour, Fritz. 『무엇이 다른가?』. 김태곤 역. 서울: 생명의말씀사, 2009.

SDA. "SDA소개". http://student.sda.co.kr.